The Big Guitar Chord Songbook
Classic Rock

Wise Publications
London/New York/Paris/Sydney/Copenhagen/Berlin/Madrid/Tokyo

Exclusive distributors:
Music Sales Limited
8/9 Frith Street, London W1B 3JB, England.
Music Sales Pty Limited
120 Rothschild Avenue, Rosebery, NSW 2018,
Australia.

Order No. AM973313
ISBN 0-7119-9244-4

Music arrangements by Frank Moon.
Music processed by Andrew Sheils.
Cover photographs courtesy of London Features International.

Printed in the United Kingdom by
Caligraving Limited, Thetford, Norfolk.

www.musicsales.com

Your Guarantee of Quality:
As publishers, we strive to produce every book
to the highest commercial standards.
The music has been freshly engraved and the book has
been carefully designed to minimise awkward page turns
and to make playing from it a real pleasure.
Particular care has been given to specifying
acid-free, neutral-sized paper made from pulps which
have not been elemental chlorine bleached.
This pulp is from farmed sustainable forests and
was produced with special regard for the environment.
Throughout, the printing and binding have been
planned to ensure a sturdy, attractive publication which
should give years of enjoyment.
If your copy fails to meet our high standards,
please inform us and we will gladly replace it.

Ace Of Spades

Words & Music by
Ian Kilmister, Eddie Clarke & Phil Taylor

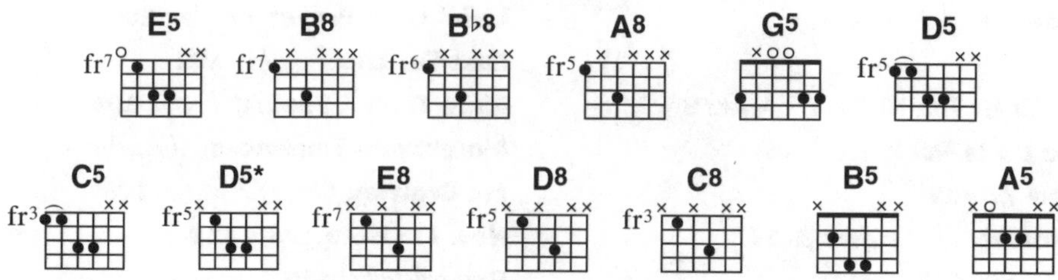

Tune guitar down a semitone

⑥ = E♭ ③ = G♭
⑤ = A♭ ② = B♭
④ = D♭ ① = E♭

Intro

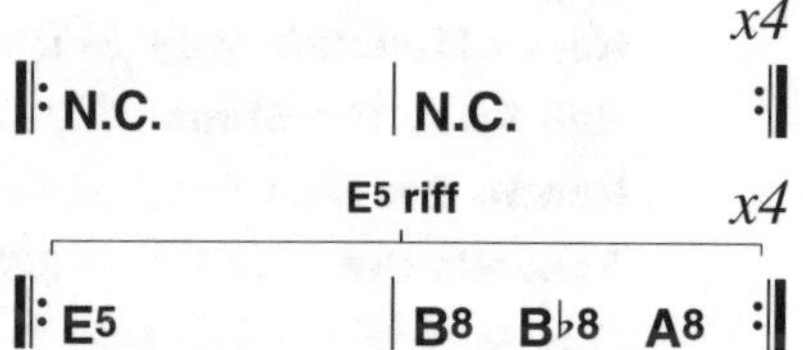

Verse 1

G5
If you like to gamble, I tell you I'm your man,
E5 riff (*x4*)
You win some, lose some, it's all the same to me.
D5 C5 E5 riff (*x2*)
The pleasure is to play, makes no difference what you say.
D5 C5
I don't share your greed, the only card I need is
E5 riff
The Ace of Spades,
E5 riff (*x3*)
The Ace of Spades.

Verse 2

G5
Playing for the high one, dancing with the devil,
E5 riff (*x4*)
Going with the flow, it's all a game to me.
D5 C5 E5 riff (*x2*)
Seven or eleven, snake eyes watching you,
D5 C5
Double up or quit, double stake or split,

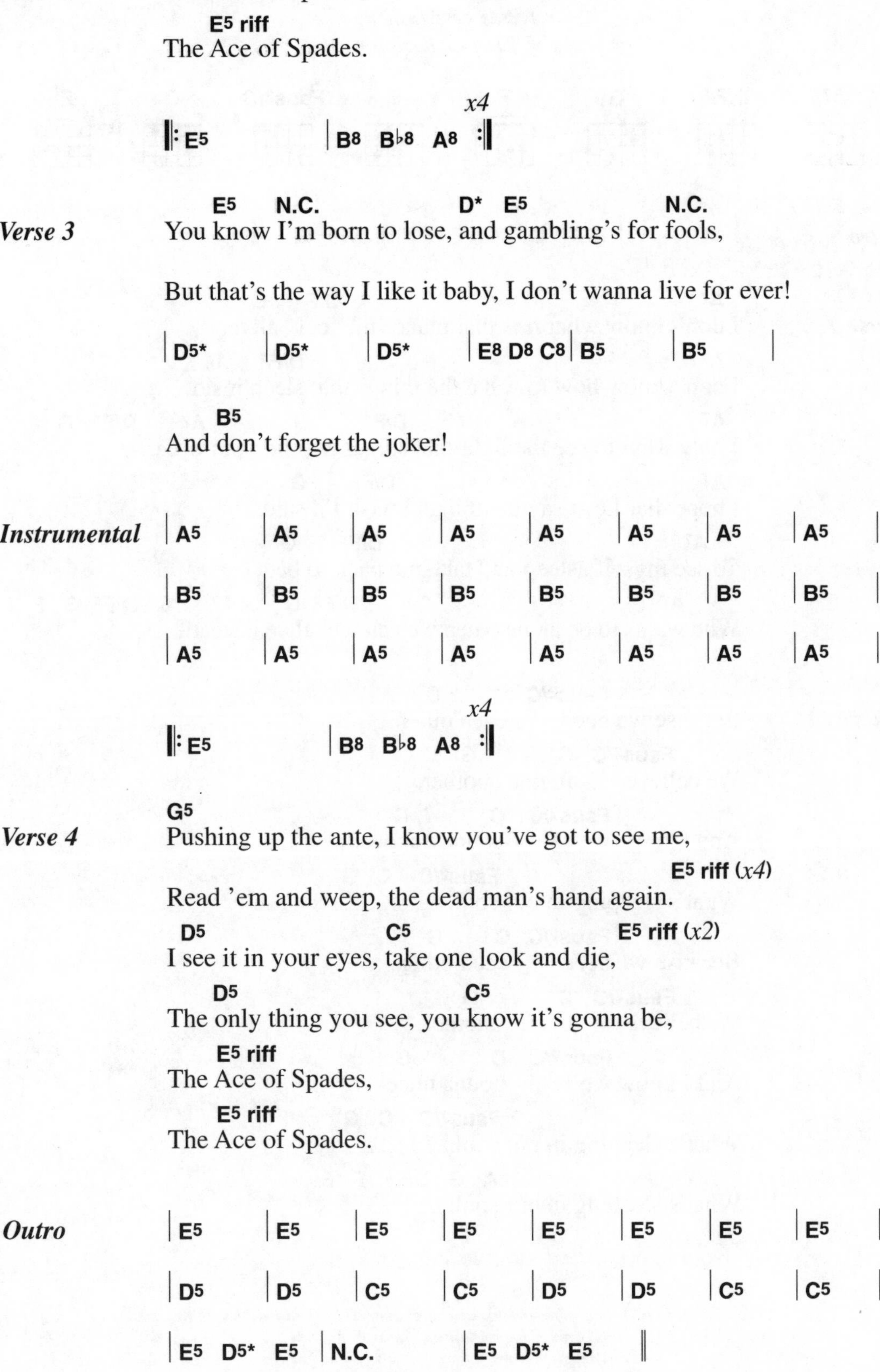

cont.

E5 riff
The Ace of Spades,
E5 riff
The Ace of Spades.

x4
‖: E5 | B8 B♭8 A8 :‖

Verse 3

E5 N.C. D* E5 N.C.
You know I'm born to lose, and gambling's for fools,

But that's the way I like it baby, I don't wanna live for ever!

| D5* | D5* | D5* | E8 D8 C8 | B5 | B5 |

B5
And don't forget the joker!

Instrumental

A5	A5	A5	A5	A5	A5	A5	A5
B5	B5	B5	B5	B5	B5	B5	B5
A5	A5	A5	A5	A5	A5	A5	A5

x4
‖: E5 | B8 B♭8 A8 :‖

Verse 4

G5
Pushing up the ante, I know you've got to see me,
E5 riff (*x4*)
Read 'em and weep, the dead man's hand again.
D5 C5 E5 riff (*x2*)
I see it in your eyes, take one look and die,
D5 C5
The only thing you see, you know it's gonna be,
E5 riff
The Ace of Spades,
E5 riff
The Ace of Spades.

Outro

| E5 | E5 | E5 | E5 | E5 | E5 | E5 | E5 |
| D5 | D5 | C5 | C5 | D5 | D5 | C5 | C5 |
| E5 D5* E5 | N.C. | E5 D5* E5 ‖

Acquiesce

Words & Music by
Noel Gallagher

A7 D/F♯ G F E Fsus2/C C E♭ (fr6)

Intro ‖: A7 | D/F♯ G | A | D/F♯ G :‖

Verse 1

A7 D/F♯ G
I don't know what it is that makes me feel alive,
A7 D/F♯ G
I don't know how to wake the things that sleep inside,
A7 D/F♯ G A7 D/F♯ G
I only want to see the light that shines behind your eyes.
A7 D/F♯ G
I hope that I can say the things I wish I'd said,
A7 D/F♯ G
To see myself asleep and take me back to bed,
A7 D/F♯ G A7 G D/F♯ G F E
Who wants to be alone when we can feel alive instead?

Chorus 1

Fsus2/C C G
Because we need each other,
Fsus2/C C G
We believe in one another,
Fsus2/C C G
And I know we're gonna uncover
Fsus2/C C G
What's sleeping in our soul. ______
Fsus2/C C G
Because we need each other,
Fsus2/C C G
We believe in one another,
Fsus2/C C G
And I know we're gonna uncover
Fsus2/C C G
What's sleeping in our soul. ______
A G D/F♯ F E
What's sleeping in our soul. ______

Verse 2

A7 D/F# G
There are many things that I would like to know,
A7 D/F# G
And there are many places that I wish to go,
A7 D/F# G A7 D/F# G
But everything's depending on the way the wind may blow.
A7 D/F# G
I don't know what it is that makes me feel alive,
A7 D/F# G
I don't know how to wake the things that sleep inside,
A7 D/F# G A7 G D/F# F E
I only want to see the light that shines behind your eyes.

Chorus 2

Fsus2/C C G
Because we need each other,
Fsus2/C C G
We believe in one another,
Fsus2/C C G
And I know we're gonna uncover
Fsus2/C C G
What's sleeping in our soul. _______
Fsus2/C C G
Because we need each other,
Fsus2/C C G
We believe in one another,
Fsus2/C C G
And I know we're gonna uncover
Fsus2/C C G
What's sleeping in our soul. _____
Fsus2/C C G
𝄆 What's sleeping in our soul. _____ 𝄇 *Play 3 times*

Outro

Fsus2/C C G
𝄆 'Cause we believe. _____ 𝄇 *Play 6 times*
Fsus2/C C G
Because we need. _____
Fsus2/C C G
Because we need. _____

| Fsus2/C | C | E♭ | C | G ‖

All Day And All Of The Night

Words & Music by
Ray Davies

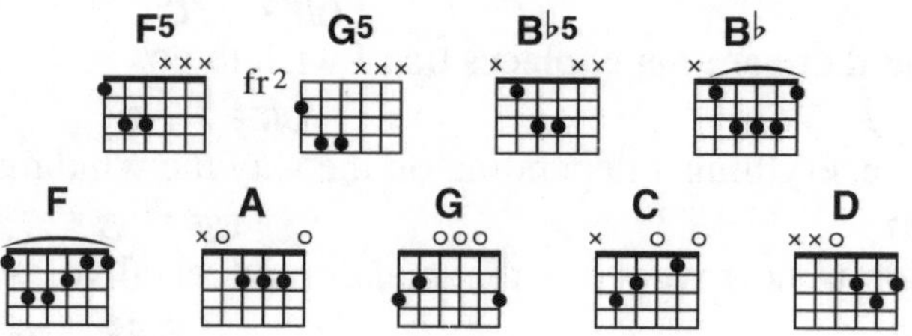

Intro F5 ‖: G5 F5 | B♭5 G5 F5 :‖

Verse 1
F5 G5 F5 B♭5 G5 F5 G5 F5 B♭5 G5
I'm not content to be with you in the daytime.
F5 G5 F5 B♭5 G5 F5 G5 F5 B♭5 G5
Girl I want to be with you all of the time.
B♭ F A G C A
The only time I feel alright is by your side.______

Chorus 1
D C F D
Girl I want to be with you all of the time
C F D
All day and all of the night,
C F D
All day and all of the night,
C F D
All day and all of the night.

Verse 2
G5 F5 B♭5 G5 F5 G5 F5 B♭5 G5
I believe that you and me last forever,
F5 G5 F5 B♭5 G5 F5 G5 F5 B♭5 G5
Oh yeah, all day and nighttime yours, leave me never.
B♭ F A G C A
The only time I feel alright is by your side.______

```
           D   C       F       D
Chorus 2   Girl I want to be with you all of the time
              C       F        D
           All day and all of the night,
              C       F        D
           All day and all of the night.


Link       | D  C  | F      | F      | D   ||


           Oh, come on...

                          Play 5 times
Solo       ||: G5 F5 | B♭5 G5 F5 :||

Verse 3    As Verse 2

Chorus 3   As Chorus 1

Coda       | D C F D ||
```

All I Want To Do Is Rock

Words & Music by
Fran Healy

D Dmaj7 A D7 Gm/B♭

Verse 1

D Dmaj7
Hey, ______

A
I would really like to talk with you.

Girl, ______

D
Do you have the time to stop?

D7
Say, ______

G Gm/B♭
All I want to do is rock.

D
If this was any other day

A
I'd turn and walk the other way.

D
Today

G
I'll stay,

D A
Not walk away. _____

Verse 2

D Dmaj7
Hey, ______

I'm a foot without a sock

A
Without you.

Love, ______

D
You seem to work around the clock.

cont.

```
      D7
Say, ______
                 G           Gm/B♭
All I want to do is rock
  D
If this was any other day
  A
I'd turn and walk the other way.
  D
Today
  G
I'll stay,
  D
Not walk,
  A
Just rock.
```

Link

```
| D    | Dmaj7 | A    | A      | A    | A    | D    | D    |
| D    | D7    | G    | Gm/B♭  | D    | A    | D  A ||
```

Verse 3

```
D          A
Hey, ______
                D
Love, ______
      D7
Say, ______
                 G           Gm/B♭
All I want to do is rock.
  D
If this was any other day
  A
I'd turn and walk the other way.
    D
But today
  G
I'll stay,
  D
O - kay.
```

All Right Now

Words & Music by
Paul Rodgers & Andy Fraser

A5 D/A Dadd9/11 G5 D E5

```
Intro      ||: A5   D/A | A5      | Dadd9/11  D/A | A5       :||

                     A5         D/A  A5
Verse 1    There she stood in the   street
             Dadd9/11           D/A            A5
           Smiling from her head to her feet.
                                      D/A  A5
           I said, "Hey now, what is      this now, baby?"
                          Dadd9/11       D              A5
           Maybe, maybe she's in need of a kiss.
                                   D/A   A5
           I said, "Hey, what's your name, baby?"
             Dadd9/11          D/A              A5
           Maybe we can see things the same.
                                       D/A   A5
           Now don't you wait or      hesitate,
                         Dadd9/11          D              A5
           Let's move   before they raise the parking rate.

           A5           G5                       D           A5
Chorus 1   All right   now, baby it's-a all right now.
                        G5                       D           A5   | A5     |
           All right   now, baby it's-a all right now.
           A5             D/A
             Let me tell you now.

           | A5    | Dadd9/11  D/A | A5    ||
```

Verse 2

(A5) D/A A5
I took her home to my place,
Dadd9/11 D A5
Watchin' ev'ry move on her face.
D/A A5
She said, "Look, what's your game, baby?
Dadd9/11 D A5
Are you tryin' to put me in shame?"
D/A A5
I said-a, "Slow, don't go so fast.
Dadd9/11 D A5
Don't you think that love can last?"
D/A A5
She said, "Love, Lord above,
Dadd9/11 D A5
Now you're tryin' to trick me in love."

Chorus 2

A5 G5 D A5
All right now, baby it's-a all right now.
G5 D A5
All right now, baby it's-a all right now.

Yeah, it's all right now.

Instrumental

‖: (A) | (A) | (A) | (A) :‖

‖: A5 | G5 D | A5 | G5 D :‖ *Play 9 times*

| E | E ‖

‖: A5 D/A | A5 | Dadd9/11 D/A | A5 :‖

Verse 3

As Verse 2

Chorus 3

A5 G5 D A5
‖: All right now, baby it's-a all right now.
G5 D A5
All right now, baby it's-a all right now. :‖ *Play 4 times*

American Woman

Words & Music by
Randy Bachman, Burton Cummings, Jim Kale & Garry Peterson

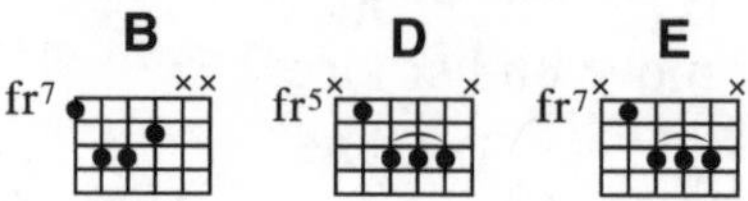

Intro
| N.C. B D | E B D | E B D | E B D |
| E B D | E B D | E B D | E B D |

Verse 1
E B D E B D E
American woman, stay away from me
B D E B D E B D
American woman, mama let me be.
E B D
Don't come hangin' around my door
E B D
I don't wanna see your face no more
E B D
I got more important things to do
E B
Than spend my time growin' old with you
D E B D E
Now woman, I said stay away,
B D E B D E B D
American woman, listen what I say.

Instrumental
| E B D | E B D | E B D |

Verse 2
E B D E B D E
American woman, get away from me
B D E B D E B D
American woman, mama let me be.
E B D
Don't come knockin' around my door
E B D
Don't wanna see your shadow no more
E B D
Coloured lights can hypnotize

```
            E                       B
cont.       Sparkle someone else's eyes
            D    E                 B    D E
            Now woman, I said get a  -  way,
               B D  E                B      D E    B D
            American woman, listen what I    say.

                                   x16
Instrumental |: E              B D :|

                                   x4
             |: E      D E N.C.    :|

            N.C.        E            B    D E
Verse 3     American woman, said get a  -  way,
               B D  E                B      D E  B  D
            American woman, listen what I    say.
            E                                  B   D
              Don't come hangin' around my door,
            E                             B    D
            Don't wanna see your face no more,
            E                         B    D
              I don't need your war machines,
            E                       B    D
            I don't need your ghetto scenes.
            E                             B    D
              Coloured lights can hypnotize
            E                    B
            Sparkle someone else's eyes
            D                  B   D   E
            Now woman, get away from me,
               B D  E                 B     D E  B D
            American woman, mama let me    be.

            E                B    D    E                  B
Outro       Go, gotta get away, gotta get away now go go go.
               D      E            B
            I'm gonna leave you, woman,
            D     E            B
            Gonna leave you, woman.
            D    E    B
            Bye-bye
            D    E    B
            Bye-bye
            D    E    B
            Bye-bye
```

```
        D   E   B
cont.   Bye-bye.
        D     E                B   D
        You're   no good for me
        E                    B  D
        I'm no good for you
        E                                B   D
        Gonna look at you right in the eye
        E
        Tell you what I'm gonna do,
            B       D    E
        You know I'm gonna leave,
            B       D    E
        You know I'm gonna go,
            B       D    E
        You know I'm gonna leave,
            B       D    E
        You know I'm gonna go, woman,
        B    D     E          B   D
          I'm gonna leave, woman,
        E                     B   D
        Goodbye American woman,
        E                     B   D
        Goodbye, American chick.             to fade
```

Animal

Words & Music by
Steve Clark, Phil Collen, Joe Elliott, Robert John 'Mutt' Lange & Rick Savage

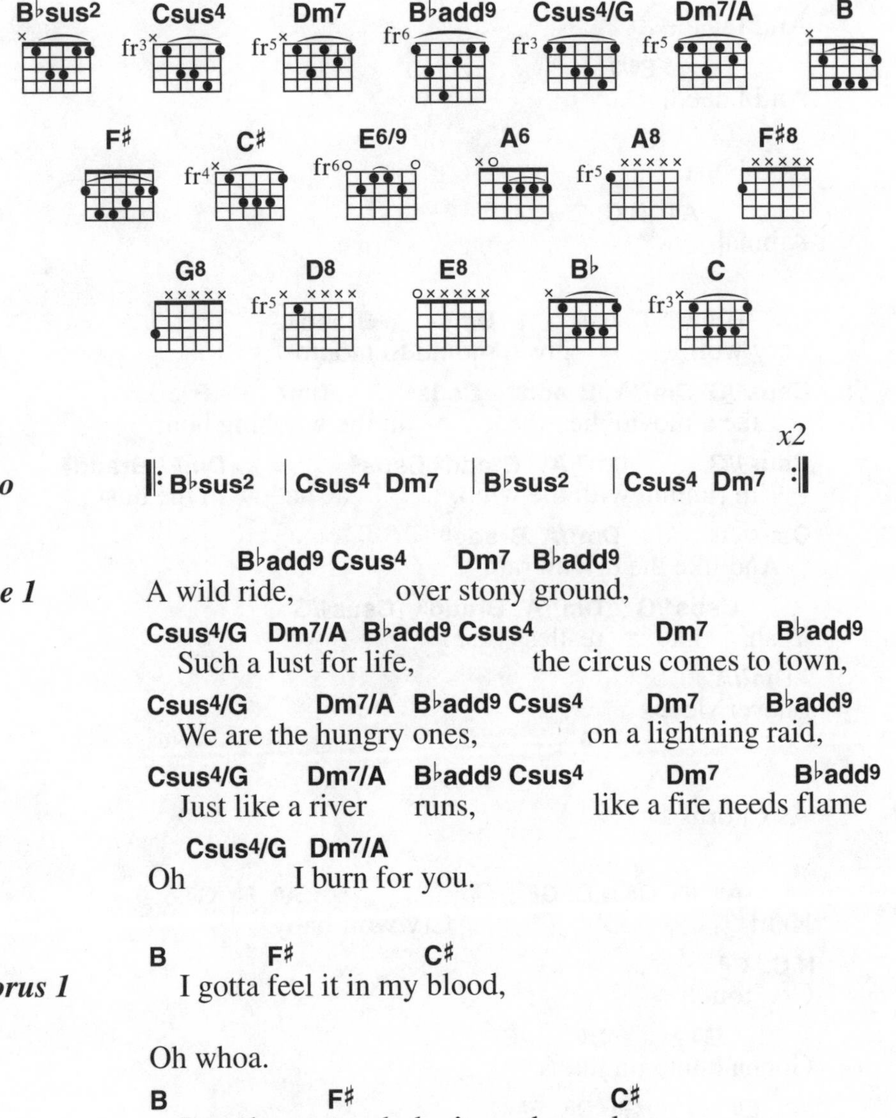


```
                                                           x2
Intro     |: B♭sus2  | Csus4  Dm7  | B♭sus2  | Csus4  Dm7  :|

                 B♭add9 Csus4      Dm7  B♭add9
Verse 1   A wild ride,      over stony ground,
          Csus4/G  Dm7/A  B♭add9 Csus4        Dm7        B♭add9
            Such a lust for life,       the circus comes to town,
          Csus4/G        Dm7/A  B♭add9 Csus4     Dm7       B♭add9
            We are the hungry ones,       on a lightning raid,
          Csus4/G        Dm7/A   B♭add9 Csus4      Dm7          B♭add9
            Just like a river     runs,       like a fire needs flame
            Csus4/G  Dm7/A
          Oh         I burn for you.

          B       F♯         C♯
Chorus 1    I gotta feel it in my blood,

          Oh whoa.
          B           F♯                    C♯
            I need your touch don't need your love,

          Oh whoa.
                      F♯
          And I want,
                      E6/9
          And I need,
                      B
          And I lust,
```

cont.

A6
Animal.

F♯
And I want,

E6/9
And I need,

B
And I lust,

A6 N.C.
Animal.

Verse 2

B♭add9 Csus4 Dm7 B♭add9
I cry wolf, given mouth to mouth

Csus4/G Dm7/A B♭add9 Csus4 Dm7 B♭add9
Like a movin' heartbeat in the witching hour

Csus4/G Dm7/A B♭add9 Csus4 Dm7 B♭add9
I'm runnin' with the wind, a shadow in the dust,

Csus4/G Dm7/A B♭add9
And like the drivin' rain

Csus4/G Dm7/A B♭add9 Csus4/G
Yeah, like a restless rust

Dm7/A
I never sleep.

Chorus 2 As Chorus 1

A8 F8 G8 N.C. G8 A8 F8 G8
Huh! Oh! Cry wolf baby,

N.C. G8
Cry tough

G8 D8 E8
Gonna hunt you like a,

E8 G8 D8 E8
A, a - a - ni - mal

N.C.
Gonna take your love 'n' run.

Guitar Solo ‖: B♭ | C Dm7 :‖ *x4*

Chorus 3 As Chorus 1

Chorus 4

F♯
And I want, (and I want)
E6/9
And I need, (and I need)
B
And I lust, (and I lust)
A6
Animal, (animal).
F♯
And I want (take me),
E6/9
And I need (tame me),
B
And I lust (make me your . . .)
A6
Animal (. . . animal).
F♯
And I want (show me),
E6/9
And I need (stroke me),
B
And I lust (let me be your...)
A6 N.C.
Animal, (....animal).
F♯
And I want (I want),
E6/9
And I need, (ooh ooh ooh)
B
And I lust, (animal)
A6
Animal.
N.C.
Oh!

Heh, heh.

Are You Gonna Go My Way

Words & Music by
Lenny Kravitz & Craig Ross

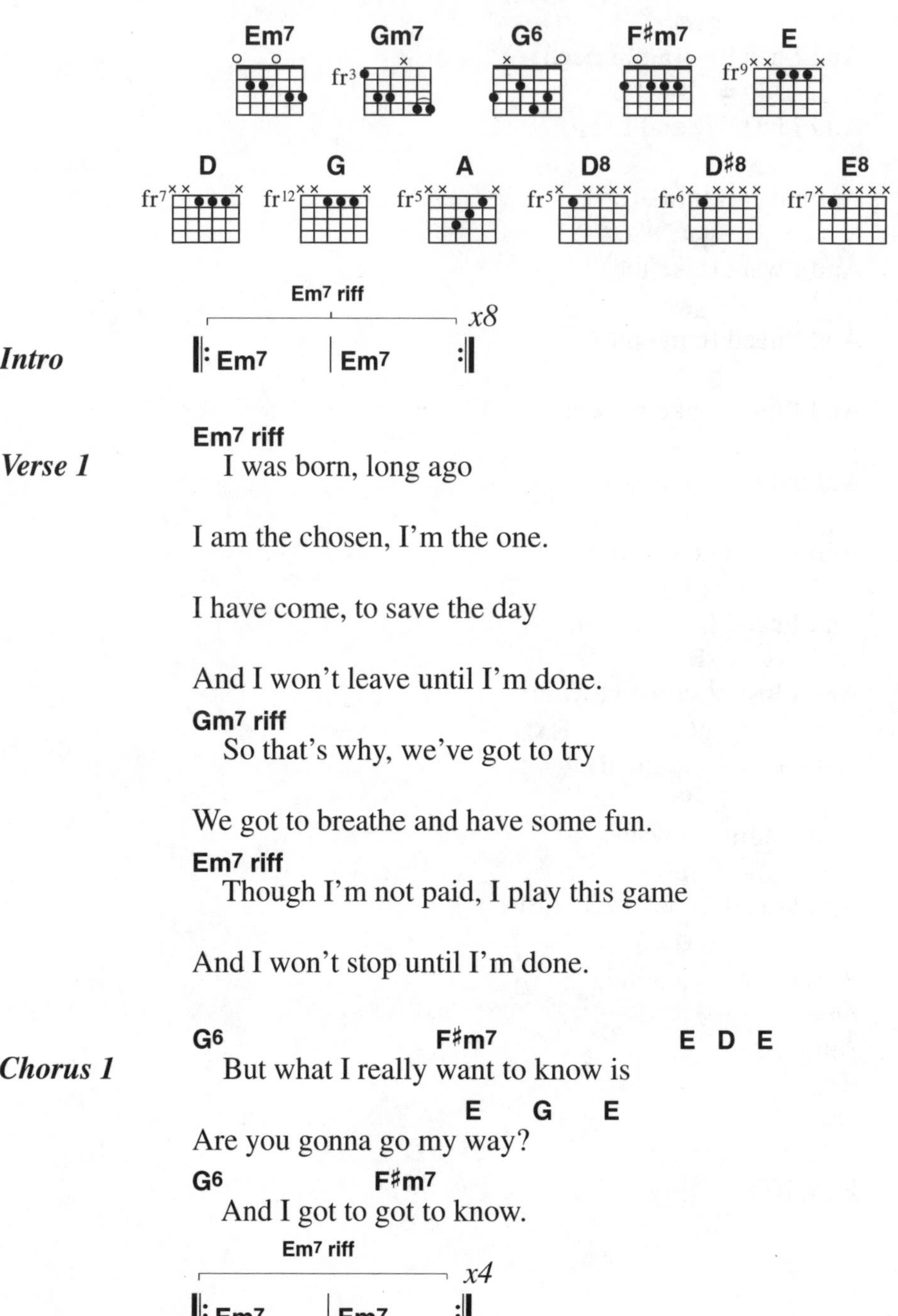

Em7 riff x8

Intro ‖: Em7 | Em7 :‖

Em7 riff

Verse 1
I was born, long ago

I am the chosen, I'm the one.

I have come, to save the day

And I won't leave until I'm done.

Gm7 riff
So that's why, we've got to try

We got to breathe and have some fun.

Em7 riff
Though I'm not paid, I play this game

And I won't stop until I'm done.

G6 F♯m7 E D E

Chorus 1
But what I really want to know is

E G E
Are you gonna go my way?

G6 F♯m7
And I got to got to know.

Em7 riff x4

‖: Em7 | Em7 :‖

Verse 2

Em7 riff
I don't know why, we always cry

This we must leave and get undone.

We must engage, and rearrange

And turn this planet back to one.

Gm7 riff
So tell me why, we got to die

And kill each other one by one.

Em7 riff
We've got to hug, and rub-a-dub

We've got to dance and be in love.

Chorus 2

G6 F♯m7 E D E
But what I really want to know is

E G E
Are you gonna go my way?

G6 F♯m7
And I got to got to know.

Instrumental

|: E D | D A D A :| *play 11 times*

| E D | D | D D8 D♯8 E8 |

| Em7 (Em7 riff) | Em7 | Em7 (Em7 riff) | Em7 | Em7 (Em7 riff) | Em7 | Em7 (Em7 riff) | Em7 |

| G6 | F♯m7 | G6 | F♯m7 |

Outro

E D E E G E
Are you gonna go my way?

G6 F♯m7
'Cause baby I got to know,

Yeah.

Bad Case Of Lovin' You (Doctor, Doctor)

Words & Music by
John 'Moon' Martin

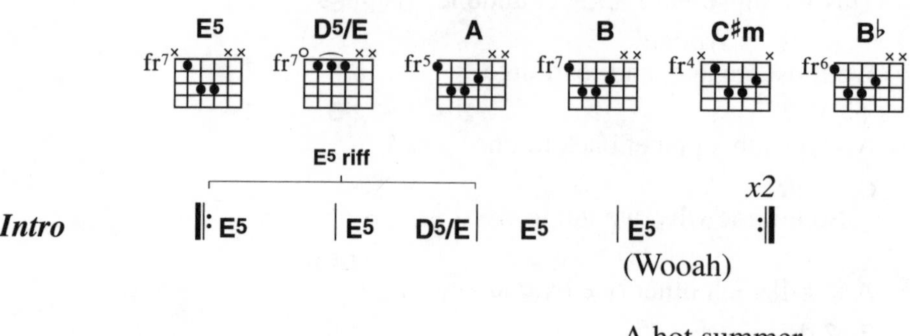


```
                     E5 riff
                    ┌───────────────┐                     x2
Intro       ‖: E5   | E5     D5/E   |   E5    | E5       :‖
                                                (Wooah)

                                                A hot summer . . .


                E5 riff
Verse 1     . . . night, fell like a net
                     A    B            E5 riff
            I've gotta find    my baby yet.

            I need you to soothe my head
                    A    B         E5 riff
            Turn my blue     heart to red.


            E5        N.C.
Chorus 1    Doctor, doctor give me the news
                      E5 N.C.
            I've got a    bad case of lovin' you.
            A
              No pill's gonna cure my ill,
                      E5            B        E5 riff
            I've got a    bad case of lovin' you.


                       E5 riff
Verse 2     A pretty face don't make no pretty heart
                       A   B              E5 riff
            I learned that    buddy, from the start.

            You think I'm cute, a little bit shy
                       A  B             E5 riff
            Momma, I   ain't that kind of guy.
```

Chorus 2 As Chorus 1

Instrumental
```
| E5        | E5       | E5       | E5   D5/E| E5         |
              Wooah!

| E5        | A        | A        | B        | B      B♭ |
```

Bridge
```
A                E5
   I know you like it,   you like it on top
A         C♯m    B                     E5 riff
   Tell me mamma   are you gonna stop?
```

Verse 3
```
N.C.        E5 riff
You had me down, 21 to zip
        A   B          E5 riff
Smile of Ju - das on your lip.

Shake my fist, knock on wood
          A    B              E5 riff
I've got it bad    and I've got it good.
```

Chorus 3
```
E5       N.C.
Doctor, doctor give me the news
           E5 N.C.
I've got a    bad case of lovin' you.
A
   No pill's gonna cure my ill,
           E5           B     E5
I've got a    bad case of lovin' you.
```

The Bartender And The Thief

Words by Kelly Jones
Music by Kelly Jones, Richard Jones & Stuart Cable

G5 (fr5) F5♯11 D B♭5 (fr8) G (fr3)

Tune bottom string to D

Intro | G5 ||

Verse 1

```
F5♯11
   When you think about it
                                   D
He's watching every word you say,  hey, dazed.
F5♯11
   And when he's sussed you out

He calls her up and out she comes
    D
And hustles us.
B♭5   G5    B♭5      G5   B♭5     G5
Long dig-gin', gone fish-in', love drinkin'.
```

Chorus 1

```
    D                     G
The bartender and the thief are lovers,
D                           G
Steal what they need like sisters and brothers.
D                  G
Met in a church, a night to remember,
D                     G
Robbin' the graves of bodies dismembered.
```

```
           F5♯11
Verse 2      He watched the lesbian talk.
                                                     D
           She kissed and groped but mostly talked in lust, crushed.
           F5♯11
             He couldn't make the call,

           His eyes were gripped on licking tongues,
             D
           Enough's enough, tailed for once.
           B♭5      G5    B♭5       G5    B♭5      G5
             Long dig-gin', gone fish-in', love drinkin'.


Chorus 2   As Chorus 1

Solo       ||: F5♯11 | F5♯11 | D | D :||

           B♭5      G5    B♭5      G5    B♭5      G5
             Long dig-gin, gone fish-in', love drinkin'.


Chorus 3   As Chorus 1

           D                  G
Chorus 4   Saved what they stole to meet at the altar,
           D                     G
           Place where they first set eyes on each other.
           D                G
           Flew to the sun to start life all over,
           D              G
           Set up a bar and robbed all the locals.

           D           G
Coda       Do do do do do,
           D              G
           Do do do do do do do,
           D           G
           Do do do do do,
           D              G        D
           Do do do do do do do.
```

Back In Black

Words & Music by
Angus Young, Malcolm Young & Brian Johnson

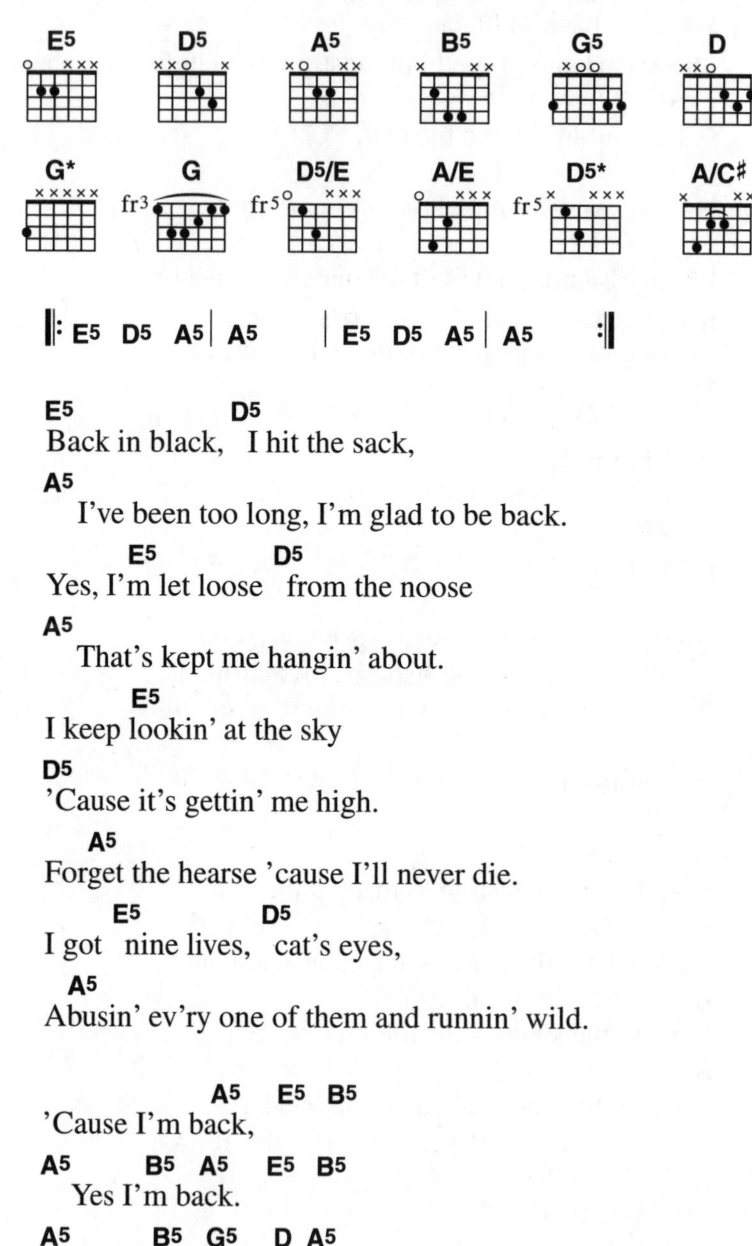

Intro |: E5 D5 A5 | A5 | E5 D5 A5 | A5 :|

Verse 1

```
E5                D5
Back in black,  I hit the sack,
A5
   I've been too long, I'm glad to be back.
         E5            D5
Yes, I'm let loose   from the noose
A5
   That's kept me hangin' about.
         E5
I keep lookin' at the sky
D5
'Cause it's gettin' me high.
    A5
Forget the hearse 'cause I'll never die.
       E5            D5
I got   nine lives,   cat's eyes,
  A5
Abusin' ev'ry one of them and runnin' wild.
```

Chorus 1

```
                A5   E5  B5
'Cause I'm back,
A5        B5  A5    E5  B5
   Yes I'm back.
A5         B5  G5    D  A5
   Well I'm back,
G*        A5  G5    D  A5
   Yes I'm back.
```

cont.

```
G*        A5   E5   B5  A5  B5   A5    E5   B5  A5
   Well I'm back, ________  back. ________
     B5  G
Well I'm back in black,
            D
Yes, I'm back in black.
```

Verse 2

```
E5                  D5
Back in the back of a Cadillac,
A5
Number one with a bullet, I'm a power pack.
            E5       D5
Yes, I'm   in a bang with the gang,
A5
   They gotta catch me if they want me to hang.
               E5
'Cause I'm back on the track,
     D5
And I'm beatin' the flack.
A5
   Nobody's gonna get me on another rap.
    E5                     D5
So, look at me now, I'm just a-makin' my play,
A5
   Don't try to push your luck, just get outta my way.
```

Chorus 2

```
                A5   E5  B5
'Cause I'm back,
A5        B5  A5   E5  B5
   Yes I'm back.
A5        B5  G5   D  A5
   Well I'm back,
G*        A5  G5   D  A5
   Yes I'm back.
G*        A5   E5   B5  A5  B5   A5    E5   B5  A5
   Well I'm back, ________  back. ________
     B5  G
Well I'm back in black,
            D
Yes, I'm back in black.
```

Guitar solo

| E5 D5/E A/E | A/E E5 | E5 D5/E A/E | A/E E5 A5 E5 A5 |

|: E5 D5* A/C# | A/C# E5 | E5 D5* A/C# | A/C# E5 A5 E5 A5 :|

Play 3 times

Chorus 3

(E5 A5) A5 E5 B5
Well I'm back,
A5 B5 A5 E5 B5
Yes I'm back.
A5 B5 G5 D A5
Well I'm back,
G* A5 G5 D A5
Yes I'm back.
G* A5 E5 B5 A5 B5 A5 E5 B5 A5
Well I'm back, ________ back. ________
B5 G
Well I'm back in black,
D
Yes, I'm back in black.

Instrumental | E5 | E5 | E5 | E5 | A5 | A5 | E5 | E5 ||

Chorus 4

A5 E5 B5 A5 B5
Well I'm back, ______
A5 E5 B5 A5 B5 G5 D A5 G* A5
Back, __________ back, _________
G5 D A5 G* A5 E5 B5 A5 B5
Back, __________ back, _______
A5 E5 B5 A5
Back. ______
B5 G
Well I'm back in black,
D | A5 |
Yes, I'm back in black.
A5
I wanna say it!

Guitar solo |: E5 D5* A/C♯ | A/C♯ E5 |

| E5 D5* A/C♯ | A/C♯ E5 A5 E5 A5 :| *Repeat to fade*

Beds Are Burning

Words & Music by
Peter Garrett, Robert Hirst & James Moginie

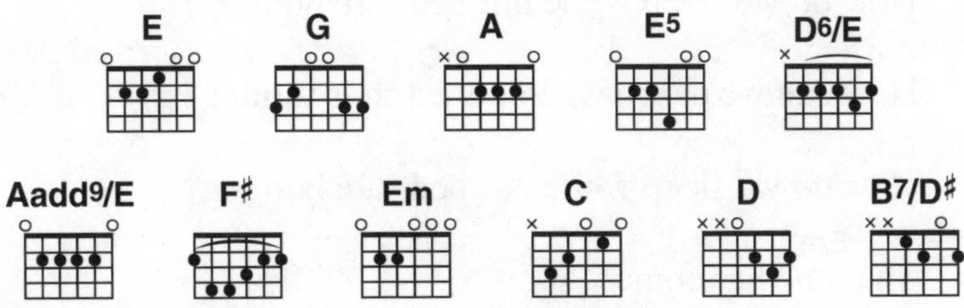

Tune guitar slightly sharp

Intro | N.C. E G | A (N.C.) | N.C. | E5 | E5 |

Verse 1

```
E5
   Out where the river broke,

The bloodwood and the desert oak

Holden wrecks and boiling diesels

Steam in forty five degrees.
```

Pre-chorus 1

```
     E
The time has come
     D6/E
To say fair's fair
     Aadd9/E
To pay the rent
     E5
To pay our share.
     E
The time has come
     D6/E
A fact's a fact
     Aadd9/E
It belongs to them
       F♯               E  G  A  (N.C.)
Let's give it back.
```

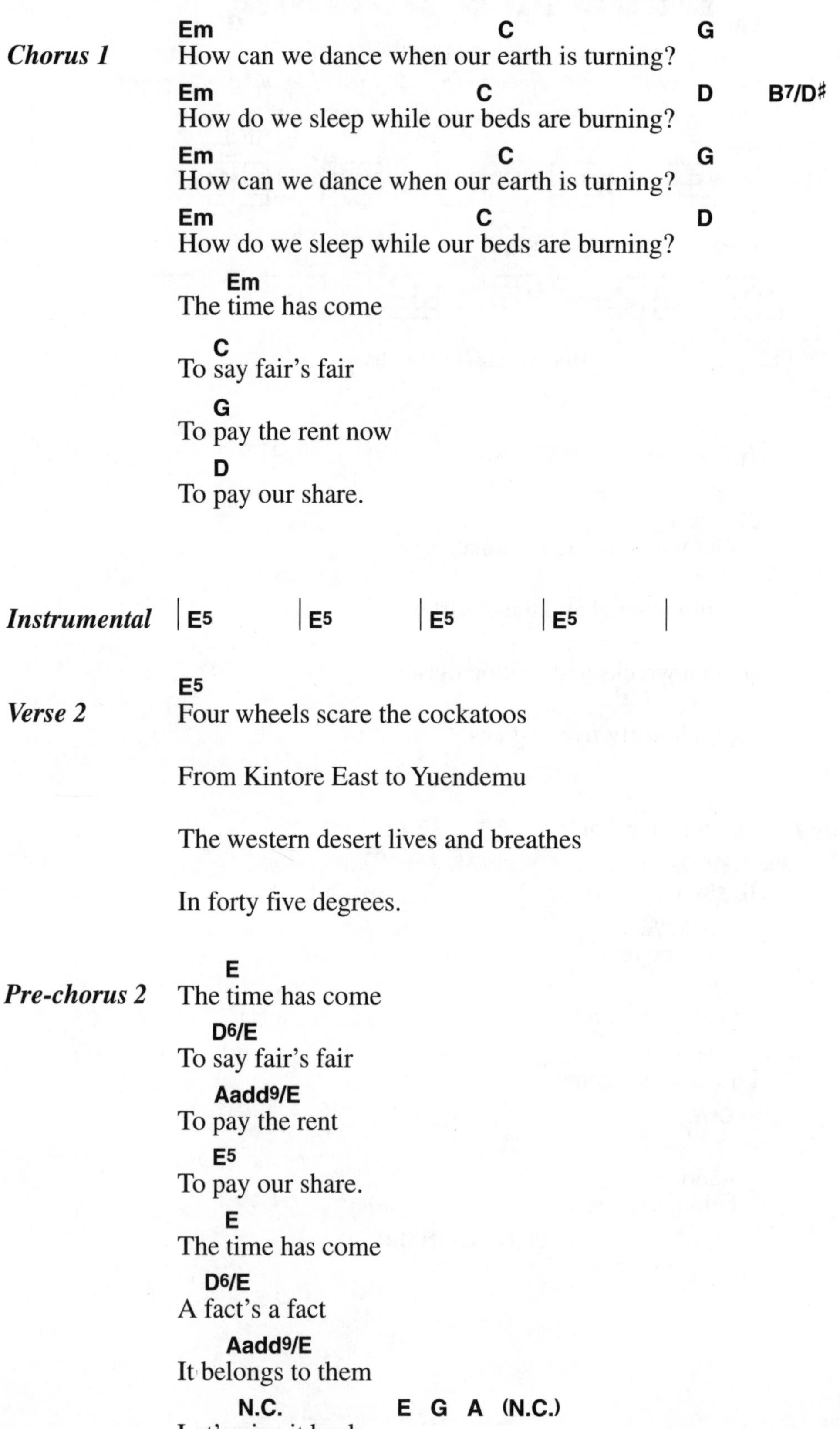

```
                Em                        C                G
Chorus 1        How can we dance when our earth is turning?
                Em                      C                  D       B7/D#
                How do we sleep while our beds are burning?
                Em                        C                G
                How can we dance when our earth is turning?
                Em                      C                  D
                How do we sleep while our beds are burning?
                    Em
                The time has come
                   C
                To say fair's fair
                   G
                To pay the rent now
                   D
                To pay our share.


Instrumental    | E5         | E5         | E5         | E5         |

                E5
Verse 2         Four wheels scare the cockatoos

                From Kintore East to Yuendemu

                The western desert lives and breathes

                In forty five degrees.

                    E
Pre-chorus 2    The time has come
                   D6/E
                To say fair's fair
                   Aadd9/E
                To pay the rent
                   E5
                To pay our share.
                    E
                The time has come
                  D6/E
                A fact's a fact
                    Aadd9/E
                It belongs to them
                    N.C.           E  G  A  (N.C.)
                Let's give it back.
```

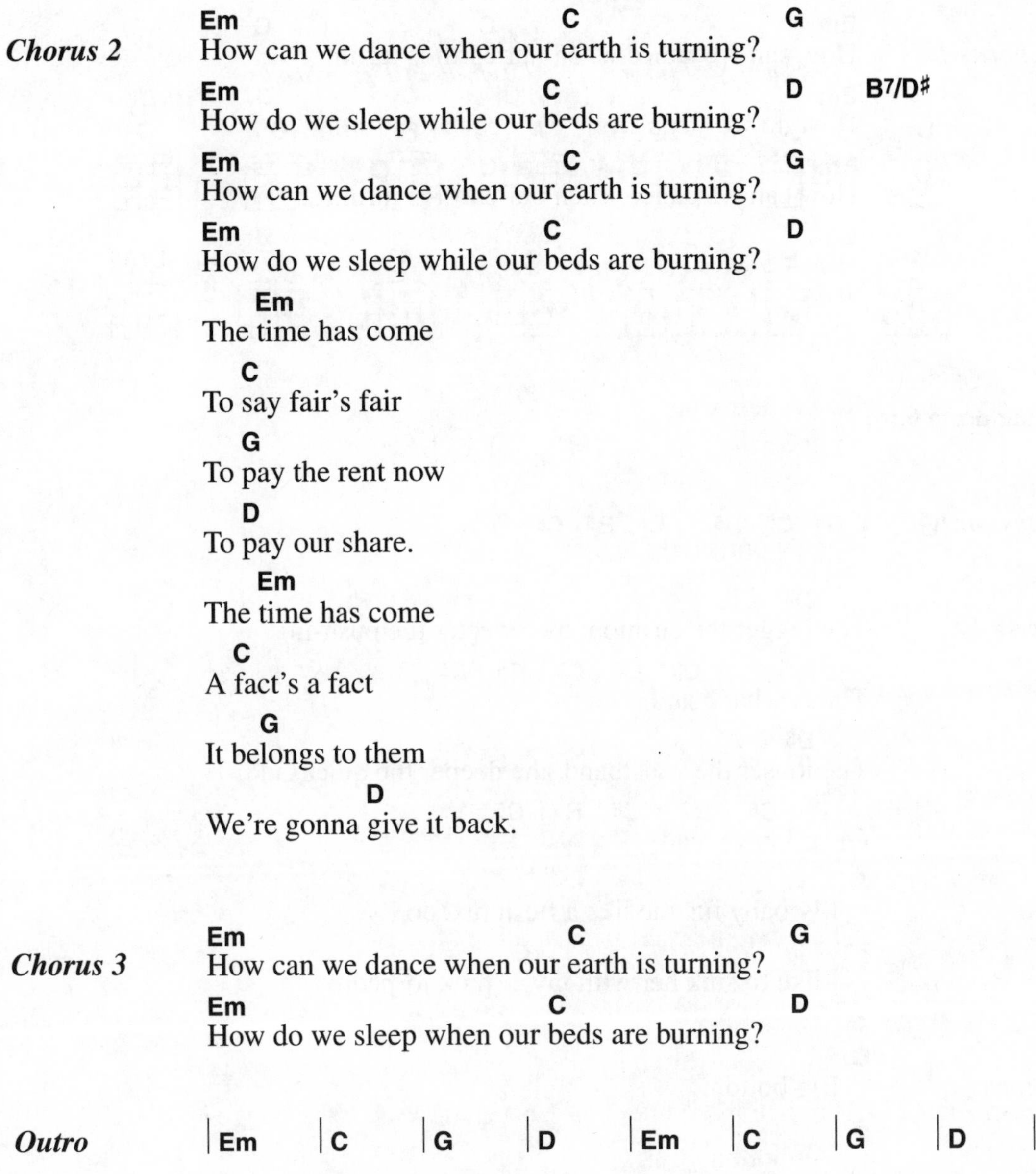

Chorus 2

Em C G
How can we dance when our earth is turning?
Em C D B7/D♯
How do we sleep while our beds are burning?
Em C G
How can we dance when our earth is turning?
Em C D
How do we sleep while our beds are burning?

Em
The time has come
C
To say fair's fair
G
To pay the rent now
D
To pay our share.
Em
The time has come
C
A fact's a fact
G
It belongs to them
D
We're gonna give it back.

Chorus 3

Em C G
How can we dance when our earth is turning?
Em C D
How do we sleep when our beds are burning?

Outro

| Em | C | G | D | Em | C | G | D |
| D | E G A | N.C. | E G A ||

Big Bottom

Words & Music by
David St. Hubbins, Nigel Tufnell & Derek Smalls

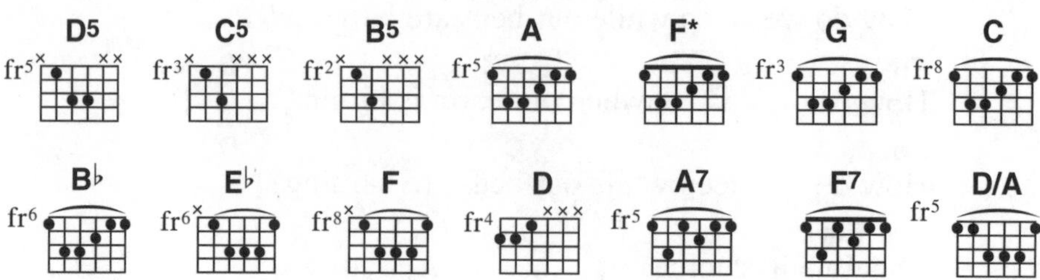

8 bar drum intro

Intro
(Bass only) ‖: D5 C5 B5 | C5 B5 C5 :‖ *x6*

Verse 1

```
    D5
The bigger the cushion, the sweeter the push-in
                  C5   B5   C5   B5   C5
That's what I said.
    D5
The looser the waistband, the deeper the quicksand
       C5    B5    C5   B5   C5
Or so I have read.
A
   My baby fits me like a flesh tuxedo.
F*                            G
   I like to sink her with my    pink torpedo.
```

Chorus 1

```
C
   Big bottom
B♭
   Big bottom
E♭
Talk about bum cakes,
F
My girl's got 'em.
C
Big bottom,
            B♭
Drive me out of my mind.
E♭                            A
How could I leave this behind?
```

```
                                          x2
(Bass only)    ||: D5  C5  B5  | C5  B5  C5  :||

               D
Verse 2        I met her on Monday, 'twas my lucky bun day
                                    C5    B5   C5   B5   C5
               You know what I mean.
                 D
               I love her each weekday, each velvety cheek day
                                  C5  B5     C5   B5   C5
               You know what I    mean.
               A7
                  My love gun's loaded and she's in my sights,
               F7                                G
                  Big game is waiting there inside her tights

               Yeah.

               C
Chorus 2          Big bottom
               B♭
                  Big bottom
               E♭
               Talk about mud flaps,
               F
               My girl's got 'em.
               C
                  Big bottom,
                          B♭
               Drive me out of my mind.
               E♭                          A
               How could I leave this behind?

                                          x4
(Bass only)    ||: D5  C5  B5  | C5  B5  C5  :||

               A7
                  My baby fits me like a flesh tuxedo.
               F7                           G
                  I like to sink her with my pink torpedo.

Chorus 3       As Chorus 1

Outro          | A       | D/A      | A       ||
```

Black Betty

Words & Music by
Huddie Ledbetter

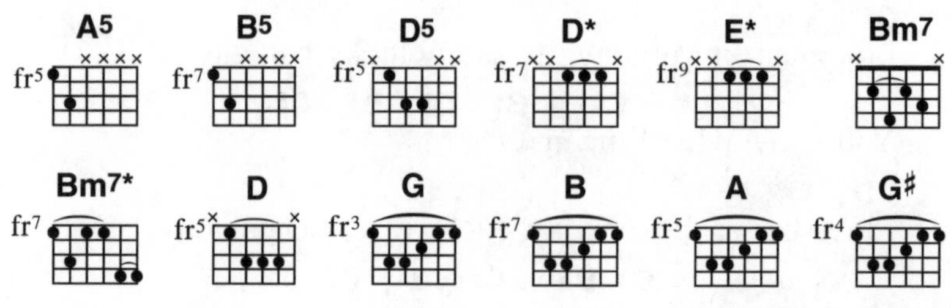

Intro

x4
| N.C. | N.C. A5 | B5 N.C. A5 | B5 D | D A5 |: B5 D* E D* A5 :|

| B5 E | B5 D | B5 E | B5 D | B5 | B5 | B | B |

Verse 1

Bm7 N.C.
Whoa, Black Betty (bam-ba-lam)

Whoa, Black Betty (bam-ba-lam)

Bm7 N.C.
Black Betty had a child (bam-ba-lam)

Bm7* N.C.
The damn thing gone wild (bam-ba-lam)

Bm7 N.C.
She said 'I'm worryin' outta mind' (bam-ba-lam)

Bm7* N.C.
The damn thing gone blind (bam-ba-lam)

Bm7 N.C.
I said Oh, Black Betty (bam-ba-lam)

Bm* N.C. A5
Whoa, Black Betty (bam-ba-lam)

Instrumental

x4
| B5 N.C. A5 | B5 D | D A5 |: B5 D* E D* A5 :|

| B5 E | B5 D | B5 E | B5 D | B5 |

Verse 2

```
Bm7  N.C.
Oh,  Black Betty (bam-ba-lam)

Whoa, Black Betty (bam-ba-lam)
                         Bm7      N.C.
She really gets me high          (bam-ba-lam)
                        Bm7*     N.C.
You know that's no lie          (bam-ba-lam)
                      Bm7     N.C.
She's so rock steady         (bam-ba-lam)
                         Bm7*     N.C.
And she's always ready           (bam-ba-lam)
                     Bm7      N.C.
Whoa, Black Betty            (bam-ba-lam)
                     Bm7*     N.C.
Whoa, Black Betty            (bam-ba-lam)
```

Instrumental

```
Double time:
| D   E D | (D)       | B5      D |: D   E D | (D)        |

                                    1.           2.
| B5  | N.C.  | N.C.  | N.C.  | N.C.     D :| N.C.     D |
(drum solo) _______________________

| D  E D | (D) | B5 | B5 | B5 | B5 | B5 | N.C. | N.C. |

|: D | D | D | D | G | G | D | D |

| B | B | B | B :|
                                              x3
|: D | D | D | D | B | B | B | B :|

Normal time                 1.       2.
|: B  A | B  A D | B  A | A  D :| A  G# |

Double time:
| (B)N.C. | N.C.     | N.C.     | N.C.     D |
(drum solo) ______________________________

| D  E D | (D) | B5 | N.C. | N.C. | N.C. | N.C.  D | D  E D | (D) |
                (drum solo) ______________________

| B5 | B5 | B5 | B5 | B5 | B | B | B | B |
```

Verse 3

N.C.
Whoa, Black Betty (bam-ba-lam)

Whoa, Black Betty (bam-ba-lam)

Bm7 N.C.
She's from Birmingham (bam-ba-lam)

Bm7* N.C.
Way down in Alabam' (bam-ba-lam)

Bm7 N.C.
Well, she's shakin' that thing (bam-ba-lam)

Bm7* N.C.
Boy, she makes me sing (bam-ba-lam)

Bm7 N.C.
Whoa, Black Betty (bam-ba-lam)

Bm7* Bm7
Whoa, Black Betty (BAM-BA-LAM)

Black Hole Sun

Words & Music by
Chris Cornell

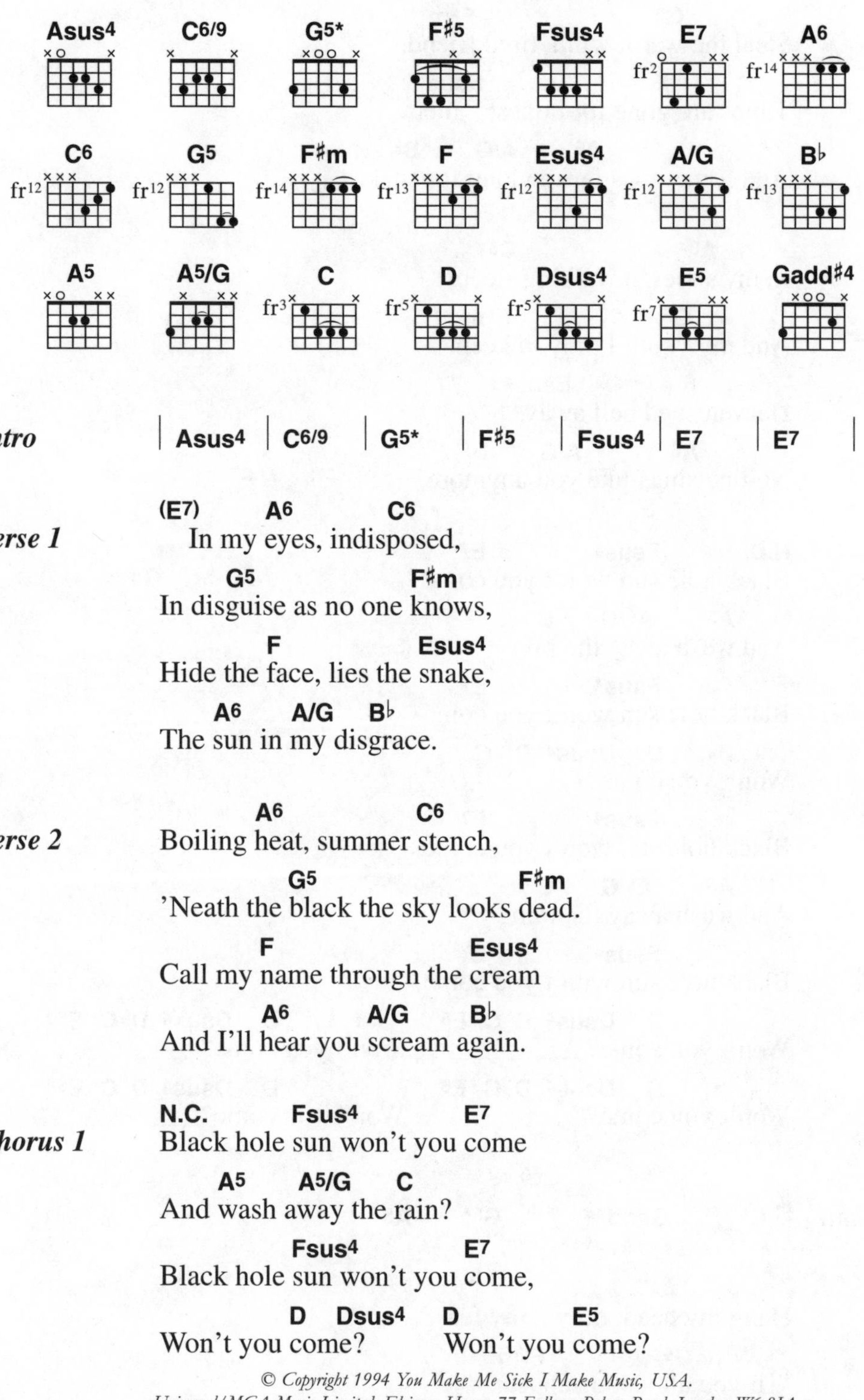

Intro | Asus4 | C6/9 | G5* | F♯5 | Fsus4 | E7 | E7 |

Verse 1

(E7) A6 C6
In my eyes, indisposed,
G5 F♯m
In disguise as no one knows,
F Esus4
Hide the face, lies the snake,
A6 A/G B♭
The sun in my disgrace.

Verse 2

A6 C6
Boiling heat, summer stench,
G5 F♯m
'Neath the black the sky looks dead.
F Esus4
Call my name through the cream
A6 A/G B♭
And I'll hear you scream again.

Chorus 1

N.C. Fsus4 E7
Black hole sun won't you come
A5 A5/G C
And wash away the rain?
Fsus4 E7
Black hole sun won't you come,
D Dsus4 D E5
Won't you come? Won't you come?

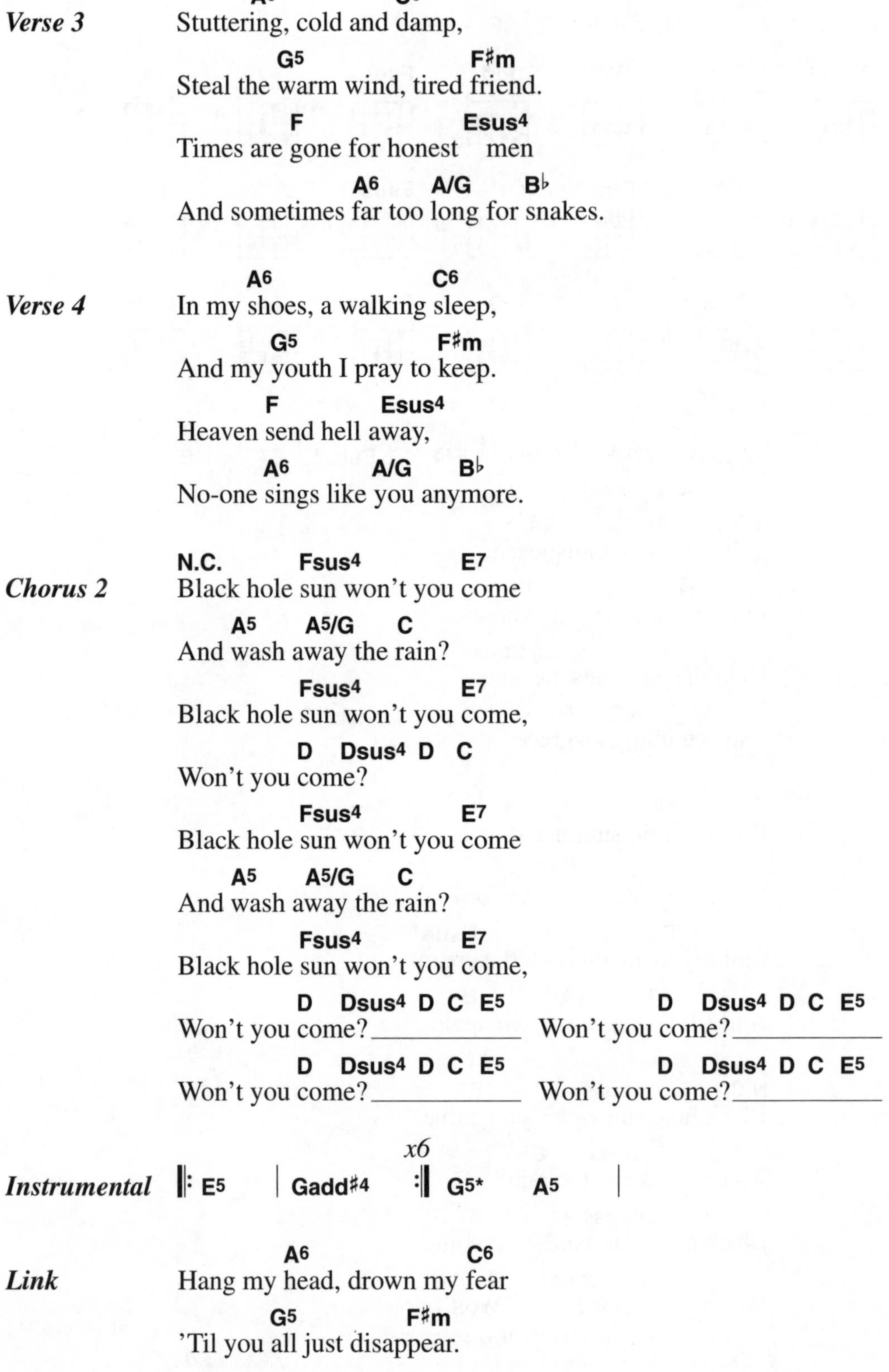

Verse 3

A6 C6
Stuttering, cold and damp,
G5 F♯m
Steal the warm wind, tired friend.
F Esus4
Times are gone for honest men
A6 A/G B♭
And sometimes far too long for snakes.

Verse 4

A6 C6
In my shoes, a walking sleep,
G5 F♯m
And my youth I pray to keep.
F Esus4
Heaven send hell away,
A6 A/G B♭
No-one sings like you anymore.

Chorus 2

N.C. Fsus4 E7
Black hole sun won't you come
A5 A5/G C
And wash away the rain?
Fsus4 E7
Black hole sun won't you come,
D Dsus4 D C
Won't you come?
Fsus4 E7
Black hole sun won't you come
A5 A5/G C
And wash away the rain?
Fsus4 E7
Black hole sun won't you come,
D Dsus4 D C E5 D Dsus4 D C E5
Won't you come?___________ Won't you come?___________
D Dsus4 D C E5 D Dsus4 D C E5
Won't you come?___________ Won't you come?___________

Instrumental

|: E5 | Gadd♯4 :| G5* A5 |
x6

Link

A6 C6
Hang my head, drown my fear
G5 F♯m
'Til you all just disappear.

Chorus 3

```
N.C.          Fsus4            E7
Black hole sun won't you come
    A5      A5/G     C
And wash away the rain?
              Fsus4            E7
Black hole sun won't you come,
              D    Dsus4 D C
Won't you come?
              Fsus4            E7
Black hole sun won't you come
    A5      A5/G     C
And wash away the rain?
              Fsus4            E7
Black hole sun won't you come,
              D    Dsus4 D  C  E5                 D    Dsus4 D  C  E5
Won't you come?_____________  Won't you come?_____________
              D    Dsus4 D  C  E5                 D    Dsus4 D  C  E5
Won't you come?_____________  Won't you come?_____________
              D    Dsus4 D  C  E5                 D    Dsus4 D  C  E5
Won't you come?_____________  Won't you come?_____________
              D    Dsus4 D  C  E5                 D    Dsus4 D  C  E5
Won't you come?_____________  Won't you come?_____________
```

| E5 | Gadd♯4 | G5* A5 ||

Born To Be Wild

Words & Music by
Mars Bonfire

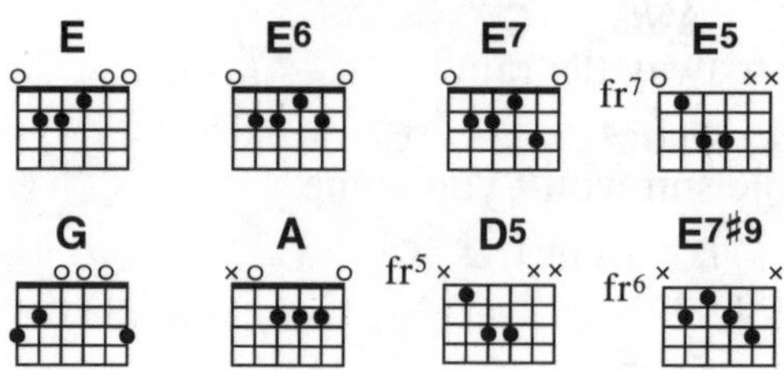

Intro ‖: E | E E6 E7 | E | E E6 E7 :‖

Verse 1

E5 E6 E7
Get your motor running,
E5 E6 E7
Head out on the highway,
E5 E6 E7
Looking for adventure
E5 E6 E7
And whatever comes our way.

Pre-chorus 1

G A E7
Yeah, darling, go and make it happen,
G A E7
Take the world in a love embrace,
G A E7
Fire all of your guns at once and
G A E7
Explode into space.

Verse 2

E5 E6 E7
I like smoke and lightning,
E5 E6 E7
Heavy metal thunder.
E5 E6 E7
Racing with the wind
E5 E6 E7
And the feeling that I'm under.

Pre-chorus 2 As Pre-chorus 1

Chorus 1

E
Like a true Nature's child
G
We were born, born to be wild.
A
We can climb so high,
G E5
I never want to die.
E5 (D5) E5 D5
Born to be wild.
E5 (D5) E5 D5
Born to be wild.

Organ solo

‖: E | E | E | E :‖

‖: E7♯9 | E7♯9 | E7♯9 | E7♯9 :‖

| E | E | E | E | E N.C. | N.C. ‖

Drum fill

Verse 3 As Verse1

Pre-chorus 3 As Pre-chorus 1

Chorus 2 As Chorus 1

Coda

E5 (D5) E5 D5
Born to be wild.
E5 (D5) E5 D5
Born to be wild.

‖: E | E | E | E :‖

| E7♯9 | E7♯9 | E7♯9 | E7♯9 | E7♯9 ‖

Fade out

Bohemian Like You

Words & Music by
Courtney Taylor-Taylor

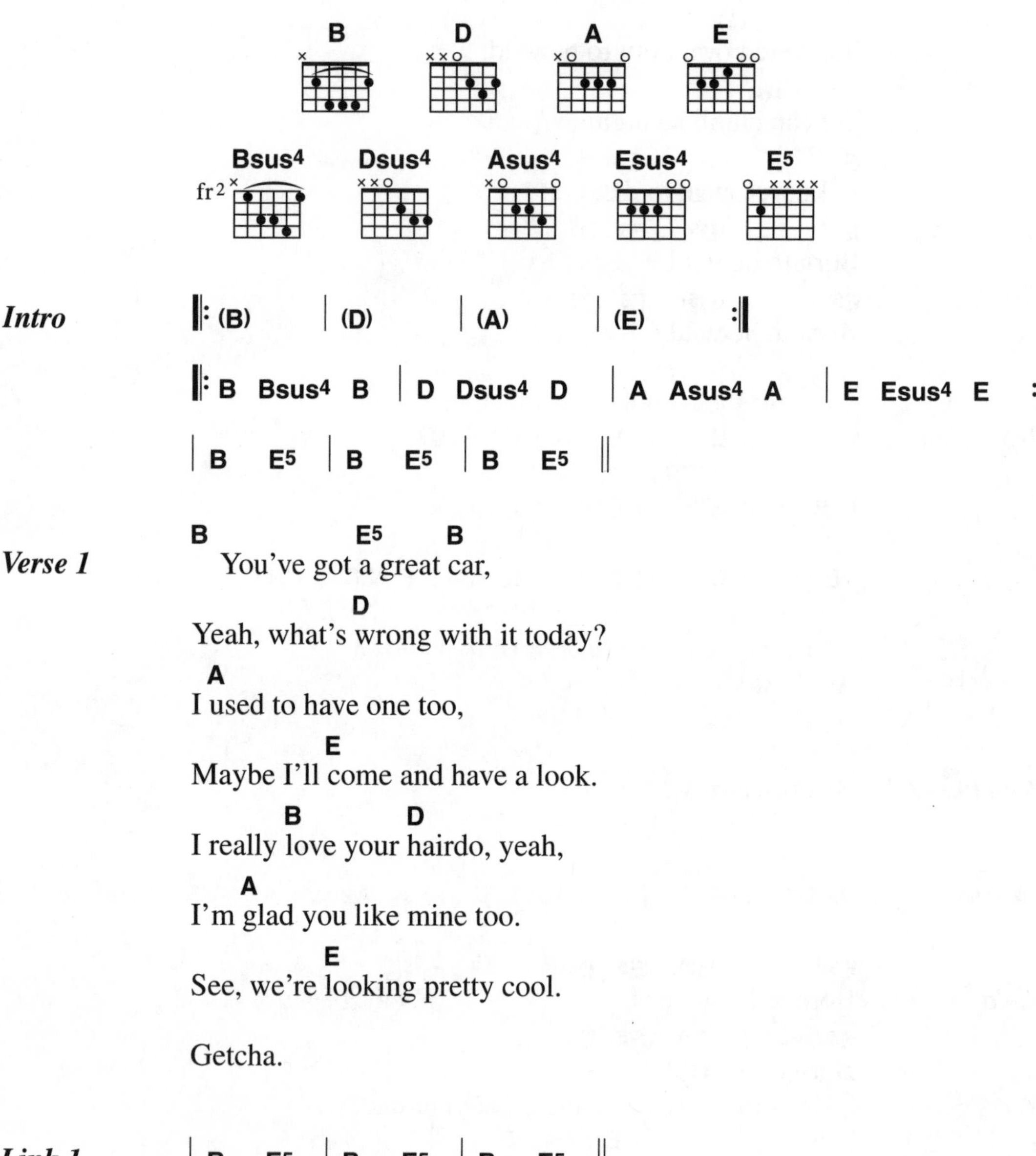

Intro ‖: (B) | (D) | (A) | (E) :‖

‖: B Bsus4 B | D Dsus4 D | A Asus4 A | E Esus4 E :‖

| B E5 | B E5 | B E5 ‖

Verse 1

B E5 B
You've got a great car,
D
Yeah, what's wrong with it today?
A
I used to have one too,
E
Maybe I'll come and have a look.
B D
I really love your hairdo, yeah,
A
I'm glad you like mine too.
E
See, we're looking pretty cool.

Getcha.

Link 1 | B E5 | B E5 | B E5 ‖

Verse 2

B E5 B
So what do you do?
D
Oh yeah, I wait tables too.
A
No, I haven't heard your band
E
'Cause you guys are pretty new.
B D
But if you dig on vegan food
A
Well, come over to my work,
E
I'll have them cook you something
B
That you really love.

Chorus 1

D A
'Cause I like you, yeah I like you,
E B
And I'm feeling so bohemian like you.
D A
Yeah I like you, yeah I like you,
E
And I feel wa-ho, whoo!

Link 2

‖: B Bsus4 B | D Dsus4 D | A Asus4 A | E Esus4 E :‖

| B E5 | B E5 | B E5 | B ‖
Wait!

Verse 3

N.C. B D
Who's that guy just hanging at your pad?
A
He's looking kind of bummed.
E
Yeah, you broke up? That's too bad.
B D
I guess it's fair if he always pays the rent
A
And he doesn't get bent about
E B
Sleeping on the couch when I'm there.

```
                D                A
Chorus 2   'Cause I like you, yeah I like you,
                E                            B
           And I'm feeling so bohemian like you.
              D                A
           Yeah I like you, yeah I like you,
              E
           And I feel wa-ho, whoo!


Link 3     |: B  Bsus4  B | D  Dsus4  D | A  Asus4  A | E  Esus4  E :|

               B
Chorus 3   And I'm getting wise
              D                A
           And I feel so bohemian like you.
             E
           It's you that I want
             B           D           A
           So please, just a casual, casual easy thing.
           E          B
           Is it? It is for me.
              D                A                 E
           And I like you, yeah I like you, and I like you, I like you,
             B                        D                A
            I like you, I like you, I like you, I like you, I like you
              E
           And I feel who-hoa, whoo!


Coda       |: B  Bsus4  B | D  Dsus4  D | A  Asus4  A | E  Esus4  E :|

           | B   E5 | B   E5 | B   E5 | B   E5 | B   ||
```

Can't Get Enough

Words & Music by
Mick Ralphs

A G D G/D E C D/A

Capo third fret

Intro |: A | A G | D | G D :| x2

Verse 1
A G D G/D D G/D
Well I take whatever I want
A G D G/D D G/D
And baby, I want you
A G D G/D D
You give me something I need
(G/D) A G D G/D D
Now tell me I got something for you
E
Come on, come on, come on and do it
G D C
Come on, come on and do what you do.

Chorus 1
A D G/D D G/D
I can't get enough of your love
A D G/D D G/D
I can't get enough of your love
A D G/D D
I can't get enough of your love.

Link | E A | E | A | A G | D | G D |

Verse 2
A G D G/D D G/D
Well it's late, and I want love
A G D G/D D G/D
Love that's gonna break me in two
A G D G/D D G/D
Don't hang me up in your doorway
A G D G/D D
Don't hang me up like you do.

```
              E
cont.         Come on, come on, come on and do it
              G                 D     C
              Come on, and do what you do.

              A           D       G/D D   G/D
Chorus 2        I can't get enough of your love
              A D/A  A       D       G/D D   G/D
                   I can't get enough of your love
              A D/A  A       D       G/D D
                   I can't get enough of your love.

              | E   A  | E      |
                         Well I say now.

                                       x4
Instrumental  |: A   G  | D  G/D D G/D  :|

              | E       | E       | G       | D   C |
                                       x3
              |: A      | D  G/D D G/D  :|

              | E   A  | E      |


              A           D       G/D D   G/D
Chorus 3        I can't get enough of your love
              A           D       G/D D   G/D
                I can't get enough of your love
              A           D       G/D D
                I can't get enough of your love.

              | E   A  | E      |

              A           D       G/D D   G/D
Chorus 4        I can't get enough of your love
              A           D       G/D D   G/D)
                I can't get enough of your love
              A           D       G/D D
                I can't get enough of your love.

              | E       | E      |
```

Chorus 5

```
A                    D          G                D
  I love you so much I can't get enough of your love,
A                    D          G          D     G
  I love you so much I can't get enough of your love,
A D/A A           D         G     D
      Can't get enough of your love.

| E          | E          |
```

Outro

```
||: A     | D   G/D D G/D | A       | D    G/D D   |

| A  D/A  A | D        | E         | E         :||   Repeat to fade
```

Caroline

Words & Music by
Francis Rossi & Robert Young

F7 Bb C7

Intro

|: F7 | F7 | F7 | F7 :| x4
Bb7	Bb7	F7	F7
C7	Bb7	F7	F7
F7	F7	F7	F7

Verse 1

F7
If you want to turn me onto
Bb7
Anything you really want to
F7 C7 F7 C7
Turn me onto your love, your love.
F7
If the night-time is the right time
Bb7
Anytime of yours is my time,
F7 C7 F7 C7
We can find time for love sweet love.

Chorus 1

F7
Come on sweet Caroline,

You're my sweet Caroline,
Bb7
You know I want to take you,

I've really got to make you,
F7
Come on sweet Caroline
C7 Bb7 F7 C7
Take my hand and together we can rock 'n' roll.

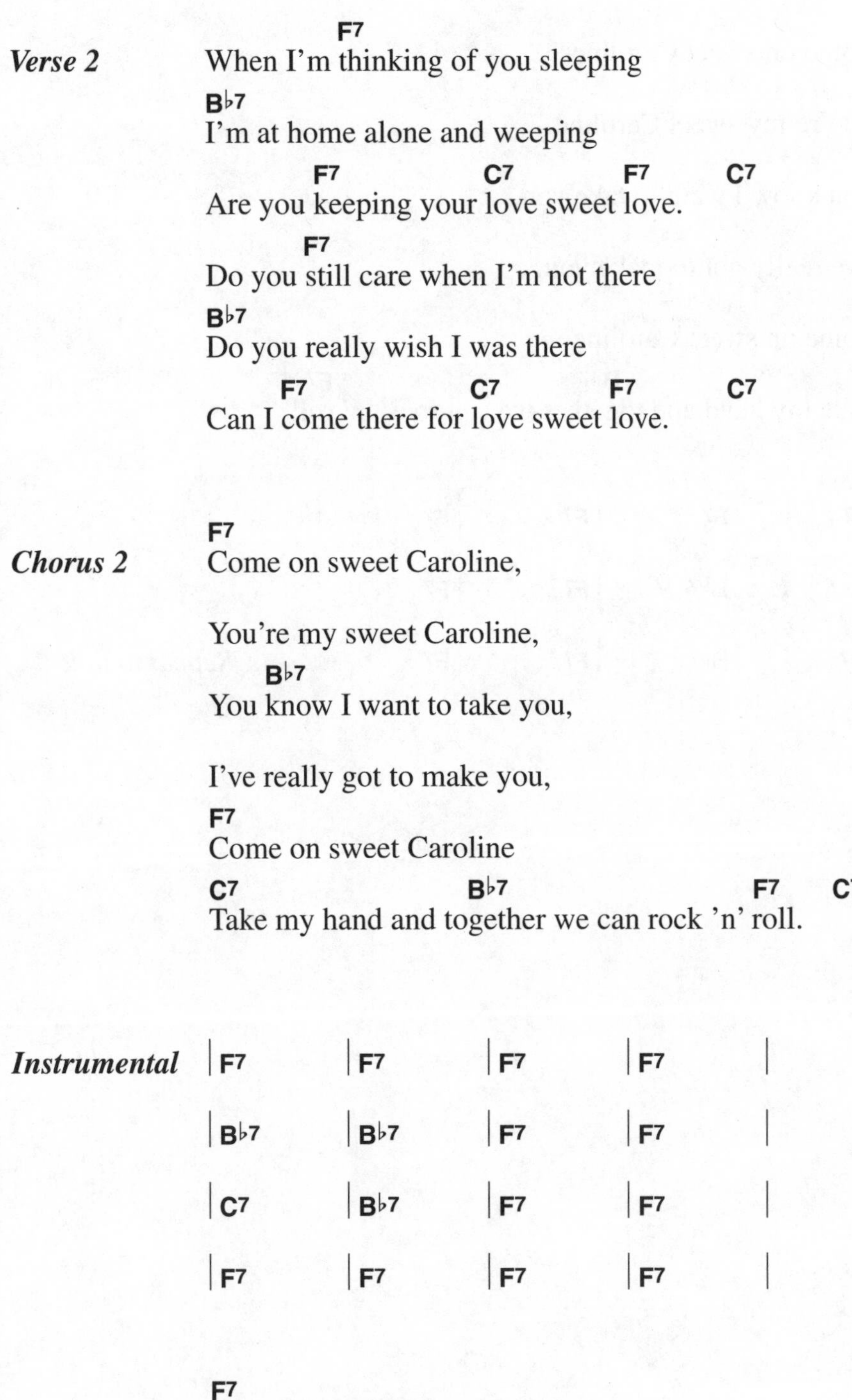

Verse 2

```
                F7
When I'm thinking of you sleeping
Bb7
I'm at home alone and weeping
         F7             C7          F7      C7
Are you keeping your love sweet love.
         F7
Do you still care when I'm not there
Bb7
Do you really wish I was there
      F7             C7         F7      C7
Can I come there for love sweet love.
```

Chorus 2

```
F7
Come on sweet Caroline,

You're my sweet Caroline,
    Bb7
You know I want to take you,

I've really got to make you,
F7
Come on sweet Caroline
C7                  Bb7                   F7     C7
Take my hand and together we can rock 'n' roll.
```

Instrumental

```
| F7    | F7    | F7    | F7    |
| Bb7   | Bb7   | F7    | F7    |
| C7    | Bb7   | F7    | F7    |
| F7    | F7    | F7    | F7    |
```

Verse 3

```
F7
If you want to turn me onto
Bb7
Anything you really want to
         F7          C7          F7      C7
Turn me onto your love, sweet love.
```

Chorus 3

```
F7
Come on sweet Caroline,

You're my sweet Caroline,
     B♭7
You know I want to take you,

I've really got to make you,
F7
Come on sweet Caroline
C7                   B♭7                F7
Take my hand and together we can rock 'n' roll.
```

Outro

F7	F7	F7	F7
B♭7	B♭7	F7	F7
C7	B♭7	F7	F7

Repeat to fade

Cum On Feel The Noize

Words & Music by
Jim Lea & Noddy Holder

Intro

x2
‖: G5* G5/F♯ | E5* :‖

| Csus2 G/B | A7sus4 G5 | D5 | D5 |

Verse 1

```
G                         B
   So you think I got an evil mind
           Em
Well I'll tell you honey,
         Am     A7sus4  D
And I don't know      why
    Am   A7sus4  D
I don't know      why.
G                                  B
   So you think my singin's' out of time
           Em
Well it makes me money
         Am     A7sus4  D
And I don't know why
    Am   A7sus4  D
I don't know      why
    E5         D5
Anymore, oh no.
```

Chorus 1

```
    G         D/F♯    Em
So cum on feel the noize
G     D/F♯      Em
Girls grab the boys
            Am     A7sus4  D
We'll get wild, wild,      wild
            Am     A7sus4  D
We'll get wild, wild,      wild.
```

cont.

G D/F♯ Em
So cum on feel the noize

G D/F♯ Em
Girls grab the boys

Csus2 G/B A7sus4 G5
We'll get wild, wild, wild

D
Until dawn.

Verse 2

G B
So you say I got a funny face

Em
I ain't got no worries,

Am A7sus4 D
And I don't know why

Am A7sus4 D
And I don't know why.

G B
Say I'm a scumbag well it's no disgrace

Em
I ain't in no hurry

Am A7sus4 D
And I don't know why

Am A7sus4 D
I just don't know why

E5 D5
Anymore, oh no.

Chorus 2

G D/F♯ Em
So cum on feel the noize

G D/F♯ Em
Girls rock the boys

Am A7sus4 D
We'll get wild, wild, wild

Am A7sus4 D
We'll get wild, wild, wild.

G D/F♯ Em
So cum on feel the noize

G D/F♯ Em
Girls rock the boys

Csus2 G/B A7sus4 G5
We'll get wild, wild, wild

D
Until dawn.

```
                                          x2
Instrumental  ||: G5*   G5/F#  | E5*       :||

              | Csus2 G/B   | A7sus4 G5  | D5      | D5      |

Verse 3       G                         B
                 So you think we have a lazy time
                        Em
              Well you should know better.
                    Am     A7sus4  D
              And I don't know     why
                   Am     A7sus4  D
              I just don't know     why.
              G                      B
                 And you say I got a dirty mind
                           Em
              Well I'm a mean go-getter
                    Am     A7sus4  D
              And I don't know     why
                    Am     A7sus4  D
              And I don't know     why
                  E5         D
              Anymore, oh no.

Chorus 3      As chorus 2            (repeat to fade)
```

Children Of The Revolution

Words & Music by
Marc Bolan

E Em7 Em7* G C Am

Intro ‖: E | Em7 E Em7 E | Em7 E Em7 E Em7 E | Em7 E Em7* E :‖ *x2*

‖: E | Em7 E Em7 E :‖ *x3* E |

```
                       G
Chorus 1   'Cause you won't fool
              C                 Am
           The children of the revolution
                 G
           No you won't fool
              C                 Am
           The children of the revolution.

               |E          |Em7  E  Em7  E  |
           No no no

           |Em7  E  Em7  E  Em7  E  |Em7  E

           Em7*  E                       Em7  E  Em7  E
Verse 1      Well you can tear a plane
                                 Em7  E  Em7  E
           In the falling rain
                                 Em7  E  Em7  E
           I gotta Rolls-Royce
           'Cause it's good for my voice.

                  G
Chorus 2   But you won't fool
              C                 Am
           The children of the revolution,
                 G
           No you won't fool
```

```
                   C                         Am
cont.         The children of the revolution
                      E
              No no no.

              Yeah!
                                                                               x2
Instrumental  |: E | Em7 E Em7 E | Em7 E Em7 E Em7 E | Em7  E   Em7*  E  :|
                                            x3
              |: E            | Em7 E  Em7 E :| E                |


                   G
Chorus 3      But you won't fool
                   C                         Am
              The children of the revolution,
                   G
              No you won't fool
                   C                         Am
              The children of the revolution.
                   G
              No you won't fool
                   C                         Am
              The children of the revolution
                   G
              No you won't fool
                   C                         Am
              The children of the revolution, no (way!)
                                                                               x2
Link          |: E | Em7 E Em7 E | Em7 E Em7 E Em7 E | Em7  E   Em7*  E  :|
               way!             (Hey!)

                              E                   Em7  E  Em7  E
Verse 2       Well you can bump and grind
                                             Em7  E  Em7  E
              It is good for your mind.
                                                  Em7  E  Em7  E
              Well you can twist and shout

              Let it all hang out.
```

Chorus 4

```
         G
But you won't fool
   C                  Am
The children of the revolution,
        G
No you won't fool
   C                  Am
The children of the revolution
      |E  |Em7 E Em7 E  |Em7 E Em7 E Em7 E  |Em7  E   Em7*  E |
No no no.
```

Verse 3

```
              E           Em7  E  Em7  E
Well you can tear a plane
                       Em7  E  Em7  E
In the falling rain
                       Em7  E  Em7  E
I got a Rolls-Royce
'Cause it's good for my voice.
```

Chorus 5

```
         G
But you won't fool
   C                  Am
The children of the revolution,
        G
No you won't fool
   C                  Am
The children of the revolution
      E
No no no.

Yeah!
```

Instrumental

```
                                                         x2
||: E  |Em7 E Em7 E  |Em7 E Em7 E Em7 E  |Em7  E   Em7*  E  :||

                           x3
||: E        |Em7 E  Em7 E :|| E        |
```

Chorus 6

```
      G
But you won't fool
    C                  Am
The children of the revolution,
      G
No you won't fool
    C                  Am
The children of the revolution.
      G
No you won't fool
    C                  Am
The children of the revolution,
      G
No you won't fool
    C                  Am
The children of the revolution, no (way!)
```

Outro

```
                                                                        x2
||: E  | Em7 E  Em7 E  | Em7 E  Em7 E  Em7 E  | Em7  E   Em7*  E   :||
  way!              (Hey!)
```

```
E
Wow!
```

Devil Gate Drive

Words & Music by
Nicky Chinn & Mike Chapman

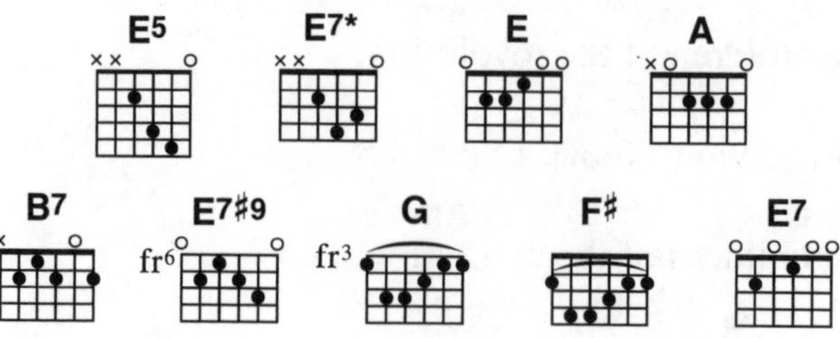

Shouted Intro Hey, you all want to go down to Devil Gate Drive?

Well, come on!

Drum intro

Welcome to The Dive! (a 1, 2, a 1, 2, 3 . .)

Piano | E5 | E5 | E5 | E7* B7 |

Verse 1

```
               E
Well, at the age of five they can do their jive
Down in Devil Gate Drive.
And at the age of six they're gonna get their kicks
Down in Devil Gate Drive.
             A                            E
Well, your mama don't know where your sister done go
           A                          E
She gone down to the Drive, she's the star of the show
              A                E
And let her move on up, let her come let her go.
          B7
She can jive
                       E          B7
Down in Devil Gate Drive.
```

Chorus 1

```
               E      E7#9
So come alive, (yeah)
           E      E7#9
Come alive, (yeah)
G          F#         E
Down in Devil Gate Drive.
                      E7#9
So come alive,  (yeah)
           E      E7#9
Come alive, (yeah)
G          F#          G          F#
Down in Devil Gate, down in Devil Gate,
G          F#         B7
Down in Devil Gate Drive.
G          F#          G          F#
Down in Devil Gate, down in Devil Gate,
G          F#         E          B7
Down in Devil Gate Drive.
```

Verse 2

```
               E
When they reach their teens, that's when they all get mean

Down in Devil Gate Drive.

When I was sweet sixteen I was the jukebox queen

Down in Devil Gate Drive.
           A                        E
I led the angel pack on the road to sin
A
Knock down the gates!
        E
Let me in, let me in
        A                           E
Don't mess me 'round, 'cause you know where I've been
         B7
To 'The Dive'
                      E          B7
Down in Devil Gate Drive.
```

Chorus 2

```
              E         E7#9
So come alive, (yeah)
         E        E7#9
Come alive, (yeah)
G             F#            E
Down in Devil Gate Drive.
                            E7#9
So come alive,  (yeah)
         E        E7#9
Come alive, (yeah)
G             F#              G            F#
Down in Devil Gate, down in Devil Gate,
G             F#            B7
Down in Devil Gate Drive.
G             F#              G            F#
Down in Devil Gate, down in Devil Gate,
G             F#            E
Down in Devil Gate Drive.

Ooo come alive,

Come alive, come alive, come alive.
```

Instrumental

| B7 | B7 | E7 | E7 | B7 | B7 | E7 | E7 |

Verse 3

```
                A                                      E
Well your mama don't know where your sister done go,
                  A                                   E
She's gone down to the Drive, she's the star of the show.
            A                     E
Let her move on up, let her come let her go,
            B7
She can jive,
                                   E      B7
Down in Devil Gate Drive.
```

```
                 E        E7#9
Chorus 3    So come alive, (yeah)
                 E       E7#9
            Come alive, (yeah)
              G        F#       E
            Down in Devil Gate Drive.
                            E7#9
            So come alive, (yeah)
                 E       E7#9
            Come alive, (yeah)
              G        F#           G        F#
            Down in Devil Gate... down in Devil Gate,
              G        F#       E
            Down in Devil Gate Drive.

            E
Outro       (Spoken) "Come on boys.  Let's do it one more time for Suzi!

            Are you ready now?... a 1, 2, a 1 2 3"

                        E7#9
            Come alive, (yeah)
                        E7#9
            Come alive, (yeah)
            E
            Yeah,

            Yeah,

            Yeah,

            Wow!
```

Detroit Rock City

Words & Music by
Paul Stanley & Bob Ezrin

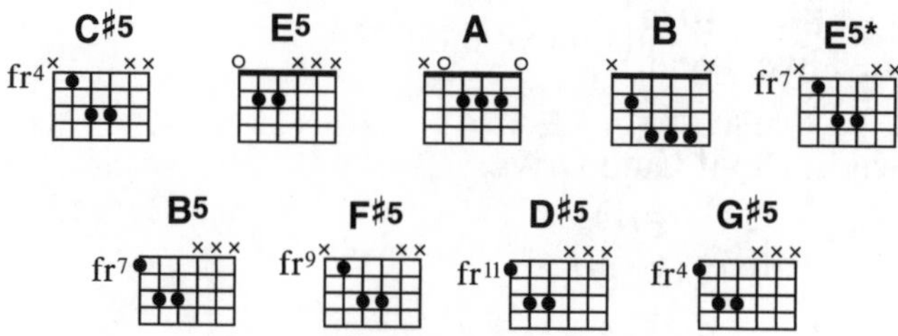

Tune down a semitone

⑥ = E♭ ③ = G♭
⑤ = A♭ ② = B♭
④ = D♭ ① = E♭

Guitar & bass riff

Intro

| (C♯5) | (C♯5) | (C♯5) | (C♯5) (E5) |

| A | A E5 | B | B | (riff) C♯5 | (riff) C♯5 |

| (riff) C♯5 | (riff) C♯5 E5 | A | A E5 | B | B |

Verse 1

C♯5
I feel uptight on a Saturday night
E5* B5 F♯5
Nine o'clock, the radio's the only light
C♯5
I hear my song and it pulls me through
E5* B5
Comes on strong, tells me what I got to do,
F♯5
I got to:

Chorus 1

E5 A
Get up,

Everybody's gonna move their feet
E5 B
Get down,

Everybody's gonna leave their seat
C♯5(riff)
You gotta lose your mind in Detroit Rock City.

cont.

E5 A
Get up,

Everybody's gonna move their feet
E5 B
Get down,

Everybody's gonna leave their seat.

Verse 2

C#5
Getting late, I just can't wait
E5* B5 F#5
Ten o'clock and I know I gotta hit the road
C#5
First I drink, then I smoke
E5* B5 F#5
Start the car, and I try to make the midnight show.

Chorus 2

E5 A
Get up,

Everybody's gonna move their feet
E5 B
Get down,

Everybody's gonna leave their seat.

Instrumental

(riff) -
| C#5 | C#5 | C#5 | C#5 | C#5 | C#5 | C#5 |

| D#5 | D#5 | C#5 | C#5 | F#5 | E5* E5 A |

| A | A E5 B | B | B |

Verse 3

C#5
Movin' fast, doin' 95
E5* B5 F#5
Hit top speed but I'm still movin' much too slow
C#5
I feel so good, I'm so alive
E5* B5
I hear my song playin' on the radio
F#5
It goes:

Chorus 3

E5 A
Get up,

Everybody's gonna move their feet
E5 B
Get down,
G♯5 C♯5
Everybody's gonna leave their seat.

Instrumental

Drum solo
| N.C. | N.C. | N.C. | N.C. |

Guitar solo *x3*
|: N.C. | N.C. | N.C. | N.C. :| N.C. | N.C. | N.C. | N.C. | N.C. (E5) |

| A | A (E5) | B | B |

C♯5(riff) E5 | A E5 | B | B |
You gotta lose your mind in Detroit Rock City.

Verse 4

C♯5
Twelve o'clock, I gotta rock
E5* B5 F♯5
There's a truck ahead, lights starin' at my eyes.
C♯5
Oh my God, no time to turn
E5 B5
I got to laugh 'cause I know I'm gonna die.
F♯5
Why.

Outro chorus

E5 A
Get up,

Everybody's gonna move their feet
E5 B G♯5 C♯5
Get down.

Drum solo
| N.C. | N.C. | N.C. |

E5 A
Get up,

Everybody's gonna move their feet
E5 B G♯5 C♯5
Get down.

Dream On

Words & Music by
Steven Tyler

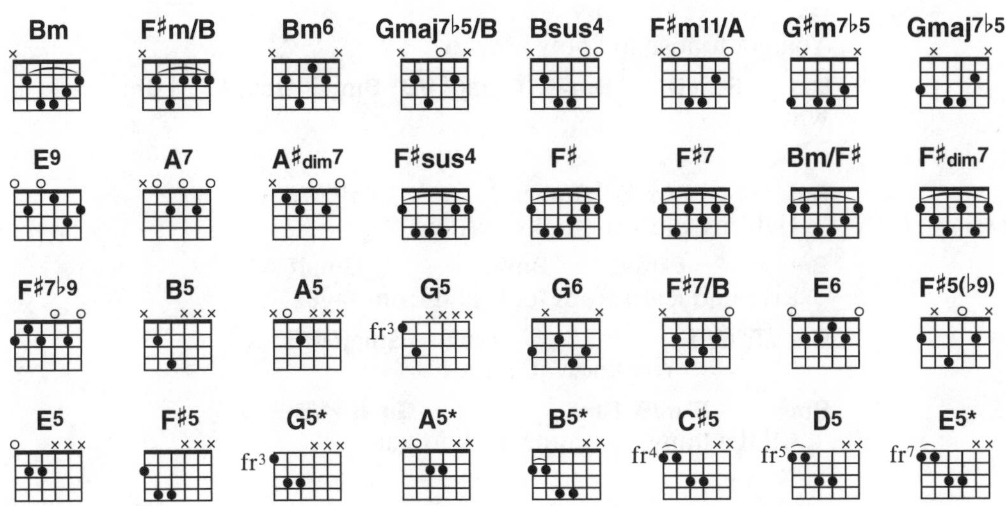

Capo sixth fret

Intro

| Bm F♯m/B | Bm6 Gmaj7♭5/B | Bm Bsus4 | Bm |

| Bm F♯m11/A | G♯m7♭5 Gmaj7♭5 | Bm Bsus4 | Bm |

| E9 | A7 A♯dim7 | Bm | Bm |

Verse 1

```
Bm         F♯m/B          Bm6             Gmaj7♭5/B
   Every time that I look in the mirror
Bm               F♯m/B          Bm6              Gmaj7♭5/B
   All these lines on my face gettin' clearer
Bm    F♯m/B                  Bm6      Gmaj7♭5/B
                The past is gone
Bm          F♯m/B  Bm6          Gmaj7♭5/B
It went by  like     dust to dawn
G♯m7♭5                  F♯sus4  F♯
   Isn't that the way
G♯m7♭5                            Gmaj7♭5          F♯7      Bm/F♯     F♯dim7     F♯7♭9
Everybody's got their dues in life to pay.
```

Chorus 1

```
B5                       A5
   I know what nobody knows
G5                              A5
Where it comes and where it goes
```

cont.

B5 A5
I know it's everybody's sin
G5 A5
You got to lose to know how to
Bm F♯m/B | Bm6 Gmaj7♭5/B | Bm Bsus4 | Bm |
win.

Verse 2

Bm F♯m/B Bm6 Gmaj7♭5/B
Half my life's in books' written pages
Bm F♯m/B Bm6 Gmaj7♭5/B
Live and learn from fools and from sages
Bm F♯m/B Bm6 Gmaj7♭5/B
You know it's true
Bm F♯m/B Bm6 Gmaj7♭5/B
All the things come back to you.

Chorus 2

B5 A5
Sing with me, sing for the year
G5 A5
Sing for the laughter, sing for the tear
B5 A5
Sing with me, if it's just for today
G♯m7♭5 G6 F♯7♭9
Mabye tomorrow the good Lord will take you away.

Instrumental

| Bm F♯7/B | F♯m/B E6 | A7 A♯dim7 |

| Bm Bsus4 Bm | Bm F♯7/B | F♯m/B E6 |

| A7 A♯dim7 |

Chorus 3

B5 A5
Sing with me, sing for the year
G5 A5
Sing for the laughter, sing for the tear
B5 A5
Sing with me, if it's just for today
G♯m7♭5 G6 F♯5(♭9)
Mabye tomorrow the good Lord will take you away.

Bridge

E5 F♯5 G5*
Dream on, dream on, dream on,
A5* B5*
Dream yourself a dream come true
E5 F♯5 G5*
Dream on, dream on, dream on,
A5* B5*
Dream until your dream comes true
E5 F♯5 G5* A5*
Dream on, dream on, dream on, dream on,
B5* C♯5 D5 E5* F♯5(♭9)
Dream on, dream on, dream on, dream on, oh.

Chorus 4

B5 A5
Sing with me, sing for the year
G5 A5
Sing for the laughter sing for the tear
B5 A5
Sing with me, if it's just for today
G5 A5
Mabye tomorrow the good Lord will take you away.
B5 A5
Sing with me, sing for the year
G5 A5
Sing for the laughter, sing for the tear
B5 A5
Sing with me, if it's just for today
G♯m7♭5 G6 F♯5(♭9)
Mabye tomorrow the good Lord will take you away. *to fade*

Elected

Words & Music by
Alice Cooper, Michael Bruce, Dennis Dunaway, Neal Smith & Glen Buxton

A G E F C/E
B♭/D E♭ A♭/C G/B C F♯m
F E/A A7/D Dm/C Bm7♭5 E7

Intro | A | A | N.C. | N.C. | N.C. | N.C. |

| A | A | A | A |

Verse 1
```
           A
I'm your top prime cut of meat, I'm your choice
G                E  A
  I wanna be elected

I'm yankee doodle dandy in a gold Rolls Royce
G                E  A
  I wanna be elected.

Kids want a saviour, and don't need a fake
G                E  A
  I wanna be elected

We're all gonna rock to the rules I make,
G                E  A
I wanna be elected.
```

Chorus 1
```
| F      C/E | B♭/D  E♭ | A♭/C  B♭/D | G/B  C |
Elected,________________________________________

| F      C/E | B♭/D  E♭ | A♭/C  B♭/D | G/B  C |
Elected,________________________________________
```

| F C/E | B♭/D E♭ | A♭/C B♭/D | G/B C |
cont. Respected, ________________

| F C/E | B♭/D E♭ | A♭/C B♭/D | G/B E |
Elected, ________________

| A | A | A | A |

A
Verse 2 I never lied to you, I've always been cool
G E A
I wanna be elected

I gotta get the vote, and I told you about school
G E A
I wanna be elected.

| F C/E | B♭/D E♭ | A♭/C B♭/D | G/B C |
Chorus 2 Elected, ________________

| F C/E | B♭/D E♭ | A♭/C B♭/D | G/B C |
Elected, ________________

| F C/E | B♭/D E♭ | A♭/C B♭/D |
Hallelujah, ________________

G/B C | F C/E | B♭/D E♭ |
I wanna be selected.

| A♭/C B♭/D | G/B E |
(Everybody in the United States of America!)

Instrumental | A | A | A | A | G | G |

| F♯m | F♯m | F | F | E/A | E/A |

| A7/D | A7/D | Dm/C | Dm/C | Bm7♭5 | E7 ||

Verse 3

```
                   A
We're gonna win this one, take my country by storm,
G                      E  A
  We're gonna be elected.

You and me together, young and strong,
G                      E  A
  We're gonna be elected,
```

Outro chorus

```
| F      C/E  | B♭/D  E♭  | A♭/C  B♭/D | G/B  C   |
||:Elected,______________________________________

| F      C/E  | B♭/D  E♭  | A♭/C  B♭/D | G/B  C   |
Elected,_________________________________________

| F      C/E  | B♭/D  E♭       | A♭/C  B♭/D | G/B  C   |
Respected,   selected,  call collected,      I wanna be

| F      C/E  | B♭/D  E♭  | A♭/C  B♭/D | G/B  C   |
Elected!_________________________________________

| F      C/E  | B♭/D  E♭  | A♭/C  B♭/D | G/B  C  :||   Repeat to fade
```

Eye Of The Tiger

Words & Music by
Frank Sullivan III & Jim Peterik

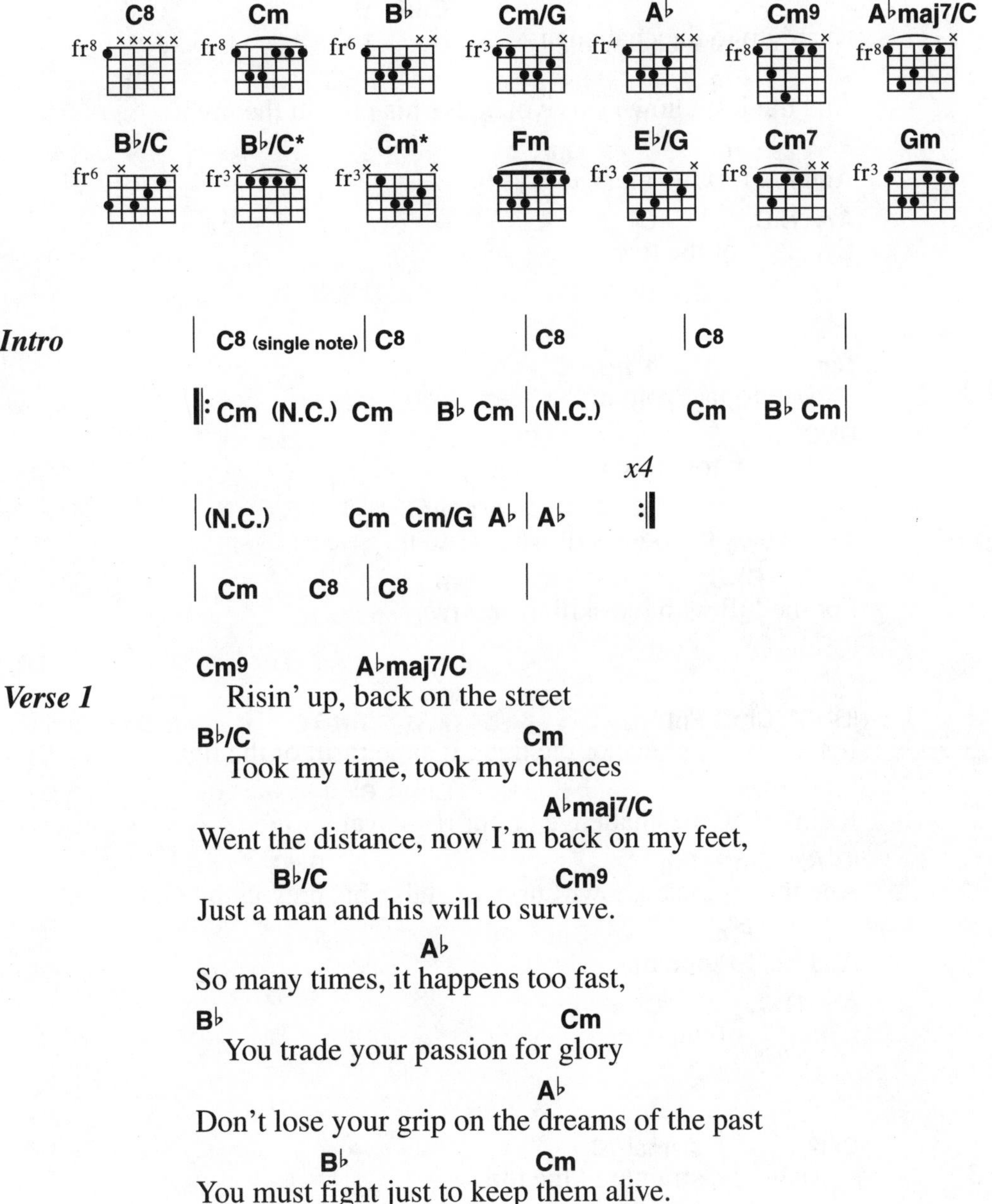
C8
Cm
B♭
Cm/G
A♭
Cm9
A♭maj7/C
B♭/C
B♭/C*
Cm*
Fm
E♭/G
Cm7
Gm
fr8
fr6
fr3
fr4
Intro
C8 (single note) | C8 | C8 | C8
Cm (N.C.) Cm B♭ Cm | (N.C.) Cm B♭ Cm
(N.C.) Cm Cm/G A♭ | A♭
x4
Cm C8 | C8
Verse 1
Cm9 A♭maj7/C
Risin' up, back on the street
B♭/C Cm
Took my time, took my chances
A♭maj7/C
Went the distance, now I'm back on my feet,
B♭/C Cm9
Just a man and his will to survive.
A♭
So many times, it happens too fast,
B♭ Cm
You trade your passion for glory
A♭
Don't lose your grip on the dreams of the past
B♭ Cm
You must fight just to keep them alive.

```
           (B♭/C* Cm*) Fm                       E♭/G          B♭
Chorus 1   It's   the     eye of the tiger, it's the thrill of the fight,
                 Fm                         Cm7  B♭
           Risin' up to the challenge of our ri  -  val
                 Fm                          E♭/G              B♭
           And the last known survivor stalks his prey in the night
                 Fm          Gm
           And his fortune must always be
           A♭   N.C.     C8
           Eye      of the tiger.


           Cm                 A♭maj7/C
Verse 2       Face to face, out in the heat,
           B♭/C                     Cm
              Hangin' tough, stayin' hungry
                                             A♭maj7/C
           They stack the odds still we take to the street
                  B♭/C                    Cm
           For the kill with the skill to survive.


           (B♭/C* Cm*) Fm                       E♭/G          B♭
Chorus 2   It's   the     eye of the tiger, it's the thrill of the fight,
                 Fm                         Cm7  B♭
           Risin' up to the challenge of our ri  -  val,
           (B♭/C* Cm*) Fm                            E♭/G             B♭
           And the      last known survivor stalks his prey in the night
                 Fm          Gm
           And his fortune must always be
           A♭   N.C.     C8
           Eye      of the tiger.


           Cm9          A♭maj7/C
Verse 3       Risin' up, straight to the top
           B♭/C                    Cm
              Had the guts, got the glory
           Cm9                                 A♭maj7/C
              Went the distance, now I'm not gonna stop,
                B♭/C                   Cm
           Just a man and his will to survive.
```

Chorus 3

```
(B♭/C*  Cm*) Fm                              E♭/G            B♭
It's     the      eye of the tiger, it's the thrill of the fight,
              Fm                          Cm7  B♭
Risin' up to the challenge of our ri   -  val
          Fm                           E♭/G               B♭
And the last known survivor stalks his prey in the night
          Fm           Gm
And his fortune must always be
A♭   N.C.         C8
Eye___   of the tiger.

| Cm  (N.C.)  Cm    B♭ Cm  | (N.C.)        Cm    B♭ Cm |

| (N.C.)       Cm  Cm/G  A♭ | A♭                       |
                                  The eye of the

||: Cm  (N.C.)  Cm    B♭ Cm | (N.C.)       Cm    B♭ Cm |
  tiger.

| (N.C.)       Cm  Cm/G  A♭ | A♭                      :||  Repeat to fade
                                  The eye of the
```

Fortunate Son

Words & Music by
John Fogerty

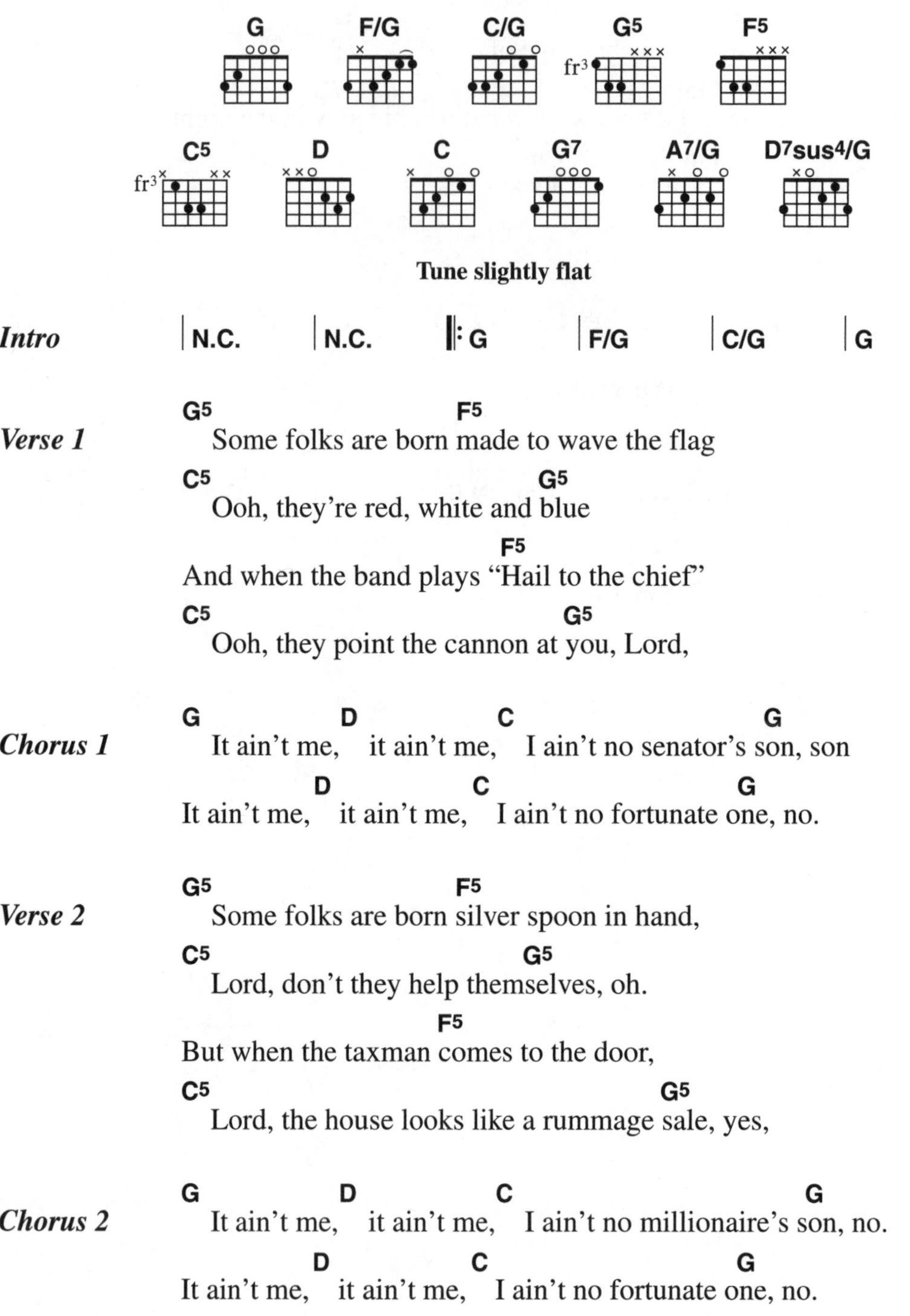

Tune slightly flat

Intro | N.C. | N.C. |: G | F/G | C/G | G :|

Verse 1
G5 F5
Some folks are born made to wave the flag
C5 G5
Ooh, they're red, white and blue
F5
And when the band plays "Hail to the chief"
C5 G5
Ooh, they point the cannon at you, Lord,

Chorus 1
G D C G
It ain't me, it ain't me, I ain't no senator's son, son
D C G
It ain't me, it ain't me, I ain't no fortunate one, no.

Verse 2
G5 F5
Some folks are born silver spoon in hand,
C5 G5
Lord, don't they help themselves, oh.
F5
But when the taxman comes to the door,
C5 G5
Lord, the house looks like a rummage sale, yes,

Chorus 2
G D C G
It ain't me, it ain't me, I ain't no millionaire's son, no.
D C G
It ain't me, it ain't me, I ain't no fortunate one, no.

Link 𝄆 G^7 | A^7/G | D^7sus^4/G | G 𝄇

Verse 3

```
G5                              F5
   Some folks inherit star spangled eyes
C5                                   G5
   Ooh, they send you down to war, Lord
                                F5
And when you ask them, "How much should we give?"
C5                          G5
   Ooh, they only answer more! more! more! yoh,
```

Chorus 3

```
G              D             C                   G
   It ain't me,   it ain't me,   I ain't no military son, son
              D             C                   G
It ain't me,   it ain't me,   I ain't no fortunate one, no.
              D             C                  G
It ain't me,   it ain't me,   I ain't no fortunate one, no, no, no,
              D             C                  G
It ain't me,   it ain't me,   I ain't no fortunate son, no, no, no.
```

Give Me Some Truth

Words & Music by
John Lennon

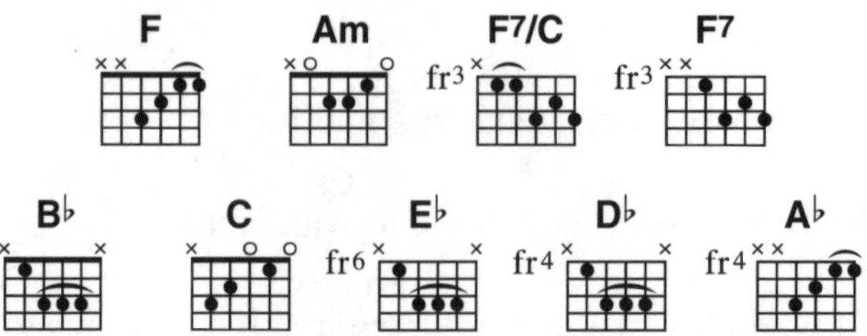

Verse 1

F Am
I'm sick and tired of hearing things
F7/C
From uptight, short-sighted,
F7
Narrow-minded hypocrytics,
B♭ C
All I want is the truth,
B♭ C
Just gimme some truth.

Verse 2

F Am
I've had enough of reading things
F7/C
By neurotic, psychotic,
F7
Pig headed politicians,
B♭ C
All I want is the truth,
B♭ C
Just gimme some truth.

Chorus 1

E♭
No short-haired, yellow-bellied

Son of tricky dicky,

Is gonna Mother Hubbard

Soft soap me

D♭
With just a pocketful of hope,

cont.

```
                 A♭
Money for dope,
                 B♭
Money for rope.
```

Instrumental ‖: F | Am | F7/C | F7 | B♭ | C | B♭ | C :‖

Chorus 2

```
  E♭
No short-haired, yellow-bellied

Son of tricky dicky,

Is gonna Mother Hubbard

Soft soap me
                             D♭
With just a pocketful of hope,
                 A♭
Money for dope,
                 B♭
Money for rope.
```

Verse 3

```
F                     Am
   I'm sick to death of seeing things
     F7/C
From tight-lipped, condescending,
F7
Mommies' little chauvinists,
B♭                      C
   All I want is the truth,
B♭                      C
   Just gimme some truth,   now.
```

Verse 4

```
F                     Am
    I've had enough of watching scenes of
 F7/C
 Schizophrenic, egocentric,
 F7
 Paranoic, prima donnas,
B♭                     C
    All I want is the truth, now,
B♭                       C
    Just gimme some truth.
```

```
             E♭
Chorus 3     No short-haired, yellow-bellied

             Son of tricky dicky,

             Is gonna Mother Hubbard

             Soft soap me
                                        D♭
             With just a pocketful of hope,
                               A♭
             Money for dope,
                               B♭
             Money for rope.

             F                         Am
Verse 5        I'm sick to death of hearing things
                  F7/C
             From uptight, short-sighted,
             F7
             Narrow-minded hypocrytics,
             B♭                        C
               All I want is the truth, now,
             B♭                          C
               Just gimme some truth, now.

             F                       Am
Verse 6        I've had enough of reading things
                F7/C
             By neurotic, psychotic,
             F7
             Pig-headed politicians,
             B♭                        C
               All I want is the truth, now,
             B♭                          C
               Just gimme some truth, now.

               B♭                       C
Outro        ||: All I want is the truth,
             B♭                 C
               Just some truth.     :||  Repeat to fade
```

Goldfinger

Words & Music by
Tim Wheeler

Intro ‖ B♭7sus4 | B♭7 ‖: A♭m C♭ | G♭ C♭ | G♭ C♭ |
| G♭ C♭ | D♭ |1. B♭7sus4 B♭7 :‖2. B♭m7 ‖

Verse 1
B♭ Gm Cm F5 B♭
Move closer, set my mind on fire,
Gm Cm F5 E5 A7
Taking over, the world seems so a-live, oh, oh, oh,
Cm F5 B♭7
The world seems so a - live.

Chorus 1
B♭7sus4 B♭7 A♭m
She slips into the night,—
C♭ G♭ C♭
And she is gone,— gone to set— the score,
G♭ C♭ G♭ C♭ D♭
Gone into— the town, rain shining in her eyes.
B♭7sus4 B♭7 A♭m C♭ G♭
Her brother started school— again today,
C♭
A thought to pass the time
G♭ C♭
To occupy my mind
G♭ C♭ D♭ B♭m7
While I'm waiting for her.

Verse 2

B♭ Gm Cm F5 B♭
Down in the basement, listening to the rain,

Gm Cm F5 E5 A7
Thinking things over, I think it over a - gain, oh, oh, oh,

Cm F5 B♭7
Think it over a - gain.

Chorus 2

B♭7sus4 B♭7 A♭m
She slipped into the night,

C♭ G♭ C♭
And she was gone,__ gone to set__ the score,

G♭ C♭ G♭ C♭ D♭
Gone into__ the town, rain shining in her eyes.

B♭7sus4 B♭7 A♭m C♭ G♭
Her brother started school__ again today,

C♭
A thought to pass the time

G♭ C♭
To occupy my mind

G♭ C♭ D♭ B♭m7
While I'm waiting for her.

Solo

𝄆 B♭ E♭m | E♭m | B♭ E♭m | E♭m 𝄇

Verse 3

B♭ Gm Cm F5 B♭
I'm writing it__ down, listen to the rain,

Gm Cm F5 E5 A7
'Cause you will be here__ soon, I lie back and drift a - way oh, oh, oh,

Cm F5 B♭7
I lie back and drift a - way.

Chorus 3

```
Bb7sus4           Bb7      Abm
  She slipped into the night,
     Cb          Gb          Cb
And she was gone,__ gone to set__ the score,
Gb       Cb          Gb        Cb             Db
  Gone into__ the town, rain shining in her eyes.
Bb7sus4           Bb7      Abm Cb       Gb
  Her brother started school__  again today.
Gb           Cb
  A thought to pass the time,
Gb      Cb
  To occupy my mind,
Gb              Cb     Db
  While I'm wait-ing for her.
```

Chorus 4

```
Bb7sus4         Bb7 Abm
  I'm feeling so a  -  live,
Cb              Gb        Cb
Feeling so real__ on a stormy night,
Gb            Cb
  The rain is coming down,
Gb          Cb        Db
  Rain like never before.
Bb7sus4          Bb7      Abm
  I've got some records on,
               Cb           Gb        Cb
And some bottles of wine__ on a stormy night,
Gb             Cb
  The rain is lashing down,
Gb             Cb            Db   Bb7sus4
  And I'm waiting for her.
```

Helter Skelter

Words & Music by
John Lennon & Paul McCartney

E7* E6 Eaug G E A E7

Intro | E7* ||

Verse 1

E7* E6
When I get to the bottom I go back to the top of the slide.
Eaug
Where I stop and I turn and I go for a ride,
G
Till I get to the bottom, and I see you again,
E
Yeah, yeah, yeah!

Verse 2

E
Do you, don't you want me to love you?

I'm coming down fast, but I'm miles above you.

Tell me, tell me, tell me,
G
Come on, tell me the answer,
A E
Well, you may be a lover, but you ain't no dancer.

Chorus 1

A E
Helter Skelter, Helter Skelter,
A E
Helter Skelter, yeah!

Link | E | E ||

Verse 3

```
E
Will you, won't you want me to make you?

I'm coming down fast, but don't let me break you.
G
Tell me, tell me, tell me the answer,
     A                                        E
You may be a lover, but you ain't no dancer.

Look out!
```

Chorus 2

```
A             E
Helter Skelter, Helter Skelter,
A             E
Helter Skelter, yeah!
E
  Look out 'cause here she comes!
```

Solo

| A | E | A | E ||

Verse 4

As Verse 1

Verse 5

```
E
Well, do you, don't you want me to make you?

I'm coming down fast, but don't let me break you.
G
Tell me, tell me, tell me your answer,
           A                                  E
Well, you may be a lover, but you ain't no dancer.

Look out!
```

Chorus 3

```
A             E
Helter Skelter, Helter Skelter,
A
Helter Skelter.
```

Coda

```
E
  Look out! Helter Skelter!

She coming down fast!

Yes she is, yes she is, coming down fast…
```

Instrumental |: E7 | E7 :| *Repeat ad lib. to fade*

Highway To Hell

Words & Music by
Bon Scott, Angus Young & Malcolm Young

A D/F♯ G5 E5 D/A G5* D/F♯* Dsus4/A

Intro A ‖: D/F♯ G5 | D/F♯ G5 |
| D/F♯ G5 D/F♯ A | A A :‖

Verse 1
```
(A)              D/F♯  G5           D/F♯   G5
   Livin' easy,        livin' free,
D/F♯  G5       D/F♯  A
   Season ticket on a one way ride.
                 D/F♯  G5            D/F♯   G5
Askin' nothin',        leave me be,
D/F♯  G5      D/F♯  A
   Takin' ev'ry - thin' in my stride.
                    D/F♯  G5               D/F♯   G5
Don't need reason,        don't need rhyme,
D/F♯ G5       D/F♯   A
   Ain't nothin'   I'd rather do.
              D/F♯  G5        D/F♯   G5
Goin' down,         party time,
D/F♯  G5        D/F♯   E5
      My friends are gonna be there too.
```

Chorus 1
```
(E5)             A          D/A
   I'm on the highway to hell,
G5* D/F♯*   A          D/A
      On the highway to hell.
G5*   D/F♯*  A          D/A
   I'm on the highway to hell,
G5*   D/F♯*  A          D/A     | D/A     A ‖
   I'm on the highway to hell.
```

Verse 2
```
(A)            D/F♯    G5          D/F♯   G5
   No stop signs,   speed limit,
D/F♯  G5  D/F♯     A
      Nobody's gonna slow me down.
```

cont.

```
                D/F♯  G5             D/F♯  G5
Like a wheel,      gonna spin it,
D/F♯  G5    D/F♯  A
      Nobody's gonna mess me around.
               D/F♯  G5             D/F♯  G5
Hey Satan,         pay'n' my dues,
D/F♯  G5    D/F♯  A
          Playin' in  a rockin' band.
                   D/F♯  G5         D/F♯  G5
Hey, momma,           look at me,
D/F♯   G5    D/F♯       E5
I'm on my way to the promised land.
```

Chorus 2

```
E5                A           D/A
   I'm on the highway to hell,
G5*  D/F♯*  A           D/A
   On the   highway to hell.
G5*    D/F♯*  A           D/A
   I'm on the highway to hell,
G5*    D/F♯*  A           D/A     | D/A  Dsus4/A  D/A |
   I'm on the highway to hell.
                          | D/A  Dsus4/A  D/A | D/A  Dsus4/A  D/A ||
Don't stop me!
```

Solo

```
|: A        D/A | D/A    G5*  D/F♯ :|   Play 4 times
```

Chorus 3

```
(G5*   D/A)  A          D/A
   I'm on the highway to hell,
G5*  D/F♯*   A          D/A
      On the highway to hell.
G5*    D/F♯*  A           D/A
   I'm on the highway to hell,
G5*    D/F♯*  A                 | N.C.  G5*  D/F♯ ||
   I'm on the highway to…
```

Chorus 4

```
                  A           D/A
I'm on the highway to hell,
G5*  D/F♯*   A          D/A
      On the highway to hell.
G5*    D/F♯*  A           D/A
   I'm on the highway to hell,
G5*    D/F♯*  A           D/A
   I'm on the highway to hell.
                                  A
And I'm goin' down all the way,

On the highway to hell.
```

Here I Go Again

Words & Music by
David Coverdale & Bernie Marsden

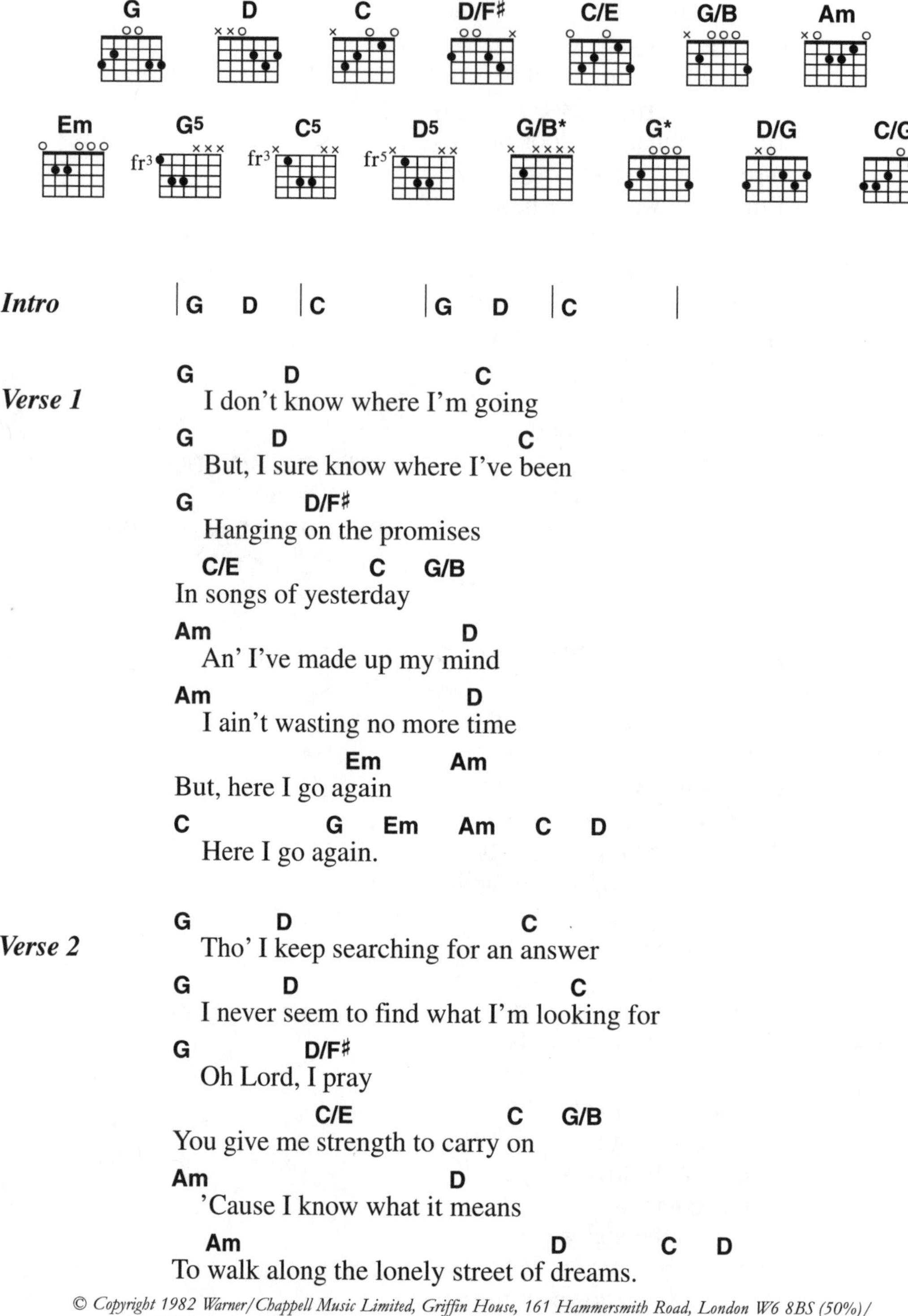

Intro | G D | C | G D | C |

Verse 1

G D C
I don't know where I'm going
G D C
But, I sure know where I've been
G D/F♯
Hanging on the promises
C/E C G/B
In songs of yesterday
Am D
An' I've made up my mind
Am D
I ain't wasting no more time
Em Am
But, here I go again
C G Em Am C D
Here I go again.

Verse 2

G D C
Tho' I keep searching for an answer
G D C
I never seem to find what I'm looking for
G D/F♯
Oh Lord, I pray
C/E C G/B
You give me strength to carry on
Am D
'Cause I know what it means
Am D C D
To walk along the lonely street of dreams.

Chorus 1

G5 C5 D5 C5 D5
An' here I go again on my own

G5 C5 D5 C5 D5
Goin' down the only road I've ever known

G5 C5 D5 C5 G/B*
Like a drifter I was born to walk alone

Am D
An' I've made up my mind

Am D C D
I ain't wasting no more time.

Verse 3

G* D/G C/G D/G
I'm just another heart in need of rescue

G* D/G C/G D/G
Waiting on love's sweet charity

G D/F♯
An' I'm gonna hold on

C/E C5 G/B*
For the rest of my days

Am D
'Cause I know what it means

Am D C D
To walk along the lonely street of dreams

Chorus 2

G5 C5 D5 C5 D5
An' here I go again on my own

G5 C5 D5 C5 D5
Goin' down the only road I've ever known

G5 C5 D5 C5 G/B*
Like a drifter I was born to walk alone

Am D
An' I've made up my mind

Am D
I ain't wasting no more time

C D Em
But here I go again.

Am Em
Here I go again,

Am Em
Here I go again,

Am Em Am C D
Here I go. ___

Instrumental | G* D/G | C/G D/G | G* D/G | C/G D/G |

| G* D/F♯ | C/E C G/B* |

Link

Am D
'Cause I know what it means
Am D C D
To walk along the lonely street of dreams.

Chorus 3

G5 C5 D5 C5 D5
An' here I go again on my own
G5 C5 D5 C5 D5
Goin' down the only road I've ever known
G5 C5 D5 C5 G/B*
Like a drifter I was born to walk alone.
Am D
An' I've made up my mind,
Am D C D
I ain't wasting no more time.
G5 C5 D5 C5 D5
An' here I go again on my own
G5 C5 D5 C5 D5
Goin' down the only road I've ever known
G5 C5 D5 C5 G/B*
Like a drifter I was born to walk alone
Am D
'Cause I know what it means
Am D
To walk along the lonely street of dreams.

chorus to fade

Holidays In The Sun

Words & Music by
Johnny Rotten, Steve Jones, Sid Vicious & Paul Cook

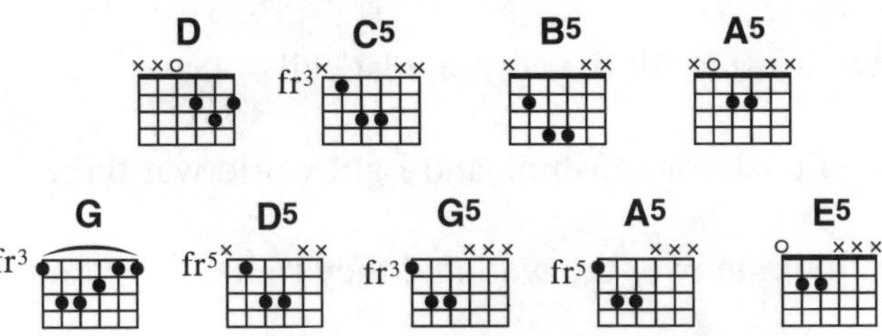

Tune guitar slightly sharp

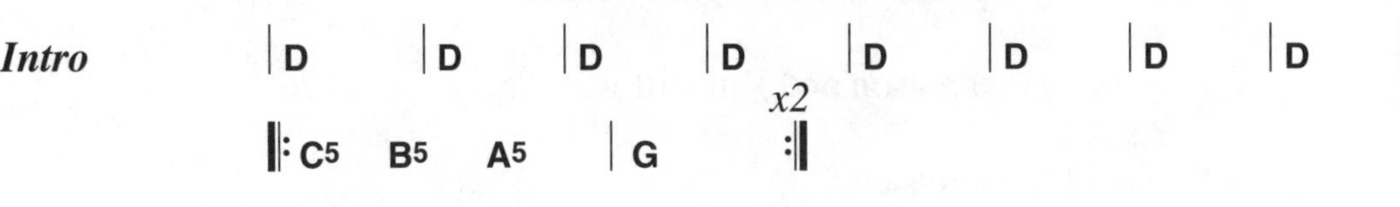

Verse 1

C5 B5 A5 G
A cheap holiday in other people's misery!

| C5 B5 A5 | G | G |

G5
I don't wanna holiday in the sun

I wanna go to the new Belsen

I wanna see some history

'Cause now I got a reasonable economy.

Chorus 1

C5
Now I got a reason, now I got a reason,
D5
Now I got a reason and I'm still waiting.
C5
Now I got a reason,
D5
Now I got a reason to be waiting

| C5 B5 A5 | G |
The Berlin Wall.

Link 1

x3
|: C5 B5 A5 | G :| G |

Verse 2

G5
In sen surround sound in a two inch wall

I was waiting for the communist call

I didn't ask for sunshine and I got world war three

I'm looking over the wall and they're looking at me.

Chorus 2

C5
Now I got a reason, now I got a reason,
D5
Now I got a reason and I'm still waiting.
C5
Now I got a reason,
D5
Now I got a reason to be waiting

| C5 B5 A5 | G |
The Berlin Wall.

Link 2

‖: C5 B5 A5 | G :‖ *x3*

Bridge

A5 D5
They're staring all night and they're staring all day
A5 D5
I had no reason to be here at all
A5 D5
And now I got a reason, it's no real reason
A5 D5 E5
And I'm waiting at Berlin wall.
G5 A5
I gotta go over the Berlin wall

I don't understand this bit at all!
E5 G5
I gotta go over and over the Berlin wall,
A5
I gotta go over the Berlin wall,

I gotta go over the Berlin wall.

Instrumental

| D5 | D5 | D5 | D5 | D5 | D5 | D5 | D5 |

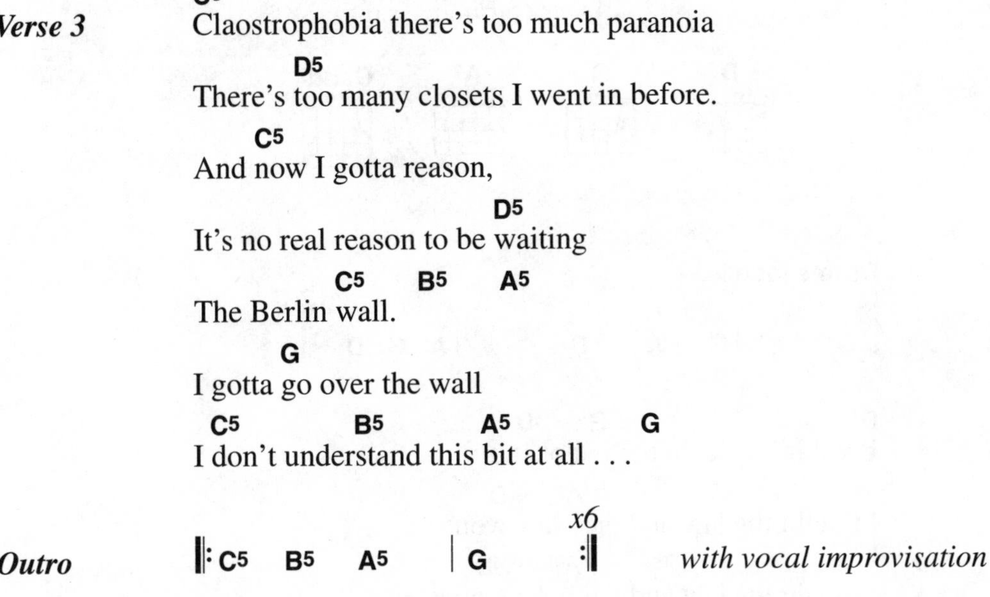

Verse 3

```
C5
Claostrophobia there's too much paranoia
            D5
There's too many closets I went in before.
     C5
And now I gotta reason,
                            D5
It's no real reason to be waiting
            C5    B5    A5
The Berlin wall.
         G
I gotta go over the wall
 C5          B5          A5         G
I don't understand this bit at all . . .
```

Outro

```
                             x6
||: C5   B5   A5  | G        :||     with vocal improvisation

| G5      | G5      | G       | G       ||
```

I Fought The Law

Words & Music by
Sonny Curtis

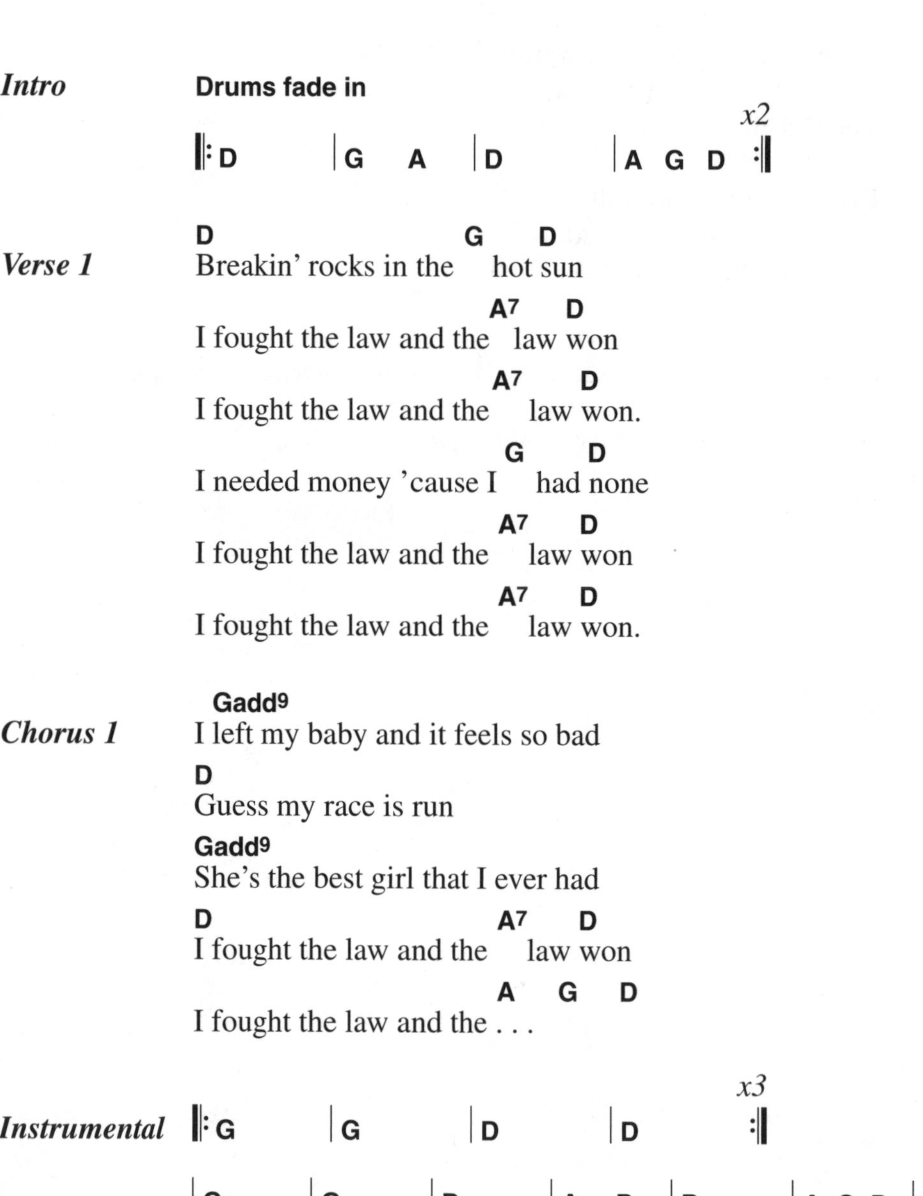

Intro

Drums fade in

x2

‖: D | G A | D | A G D :‖

Verse 1

D G D
Breakin' rocks in the hot sun
A7 D
I fought the law and the law won
A7 D
I fought the law and the law won.
G D
I needed money 'cause I had none
A7 D
I fought the law and the law won
A7 D
I fought the law and the law won.

Chorus 1

Gadd9
I left my baby and it feels so bad
D
Guess my race is run
Gadd9
She's the best girl that I ever had
D A7 D
I fought the law and the law won
A G D
I fought the law and the . . .

Instrumental

x3

‖: G | G | D | D :‖

| G | G | D | A D | D | A G D |

```
             D                       N.C.
Verse 2      Robbin' people with a   six-gun
             D                        A7     D
             I fought the law and the    law won
                                      A7     D
             I fought the law and the    law won.
                               G         D
             I lost my girl and I   lost my fun
                                      A7     D
             I fought the law and the    law won
                                      A7     D
             I fought the law and the    law won.

               Gadd9
Chorus 2     I left my baby and it feels so bad
             D
             Guess my race is run
             Gadd9
             She's the best girl that I ever had
             D                         A7    D
             I fought the law and the    law won
                                       A    G    D
             I fought the law and the . . .

                                                        x2
Instrumental ‖: D        | G    A   | D         | A  G  D :‖

             D        N.C.
Outro chorus I fought the law and the    law won,

             I fought the law and the    law won,

             I fought the law and the    law won,

             I fought the law and the    law won,
             (D)                      (A7)   (D)
             I fought the law and the    law won,
             (D)                      (A7)   (D)
             I fought the law and the    law won,
             (D)                      (A7)   (D)
             I fought the law and the    law won,
             (D)                       A   G   D
             I fought the law and the . . .
```

Jeremy

Words by Eddie Vedder
Music by Jeff Ament

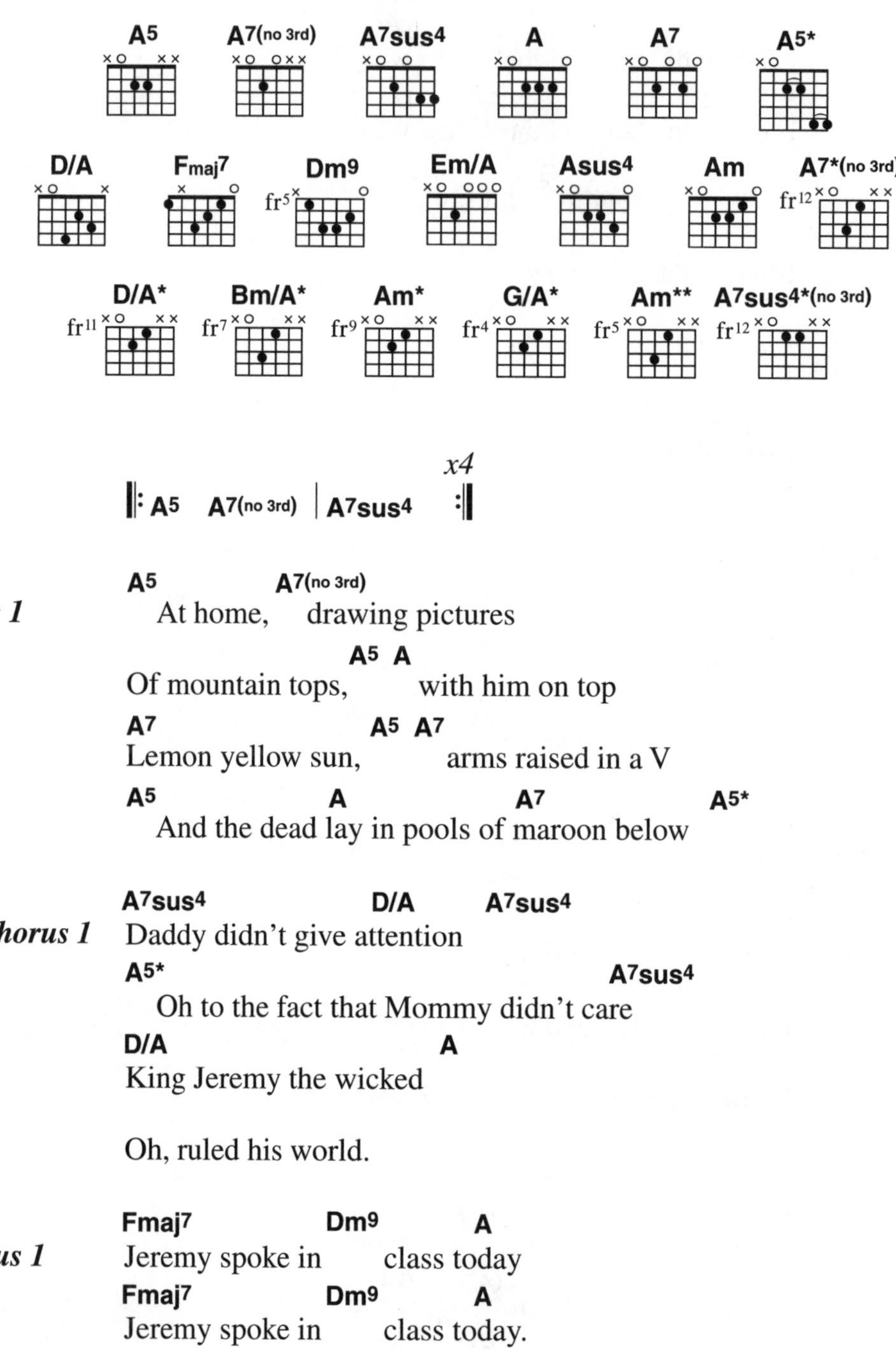

Intro ‖: A5 A7(no 3rd) | A7sus4 :‖ *x4*

Verse 1

A5 A7(no 3rd)
At home, drawing pictures
A5 A
Of mountain tops, with him on top
A7 A5 A7
Lemon yellow sun, arms raised in a V
A5 A A7 A5*
And the dead lay in pools of maroon below

Pre-chorus 1

A7sus4 D/A A7sus4
Daddy didn't give attention
A5* A7sus4
Oh to the fact that Mommy didn't care
D/A A
King Jeremy the wicked

Oh, ruled his world.

Chorus 1

Fmaj7 Dm9 A
Jeremy spoke in class today
Fmaj7 Dm9 A
Jeremy spoke in class today.

A5 A7(no 3rd) A5
Verse 2 Clearly I remember picking on the boy

A A7
Seemed a harmless little fuck

A5 A7
Ooh, but we unleashed a lion

A5 A
Gnashed his teeth and bit the recess ladies breast

A5*
How could I forget

A7sus4
And he hit me with a surprise left

A A5
My jaw left hurting, ooh, dropped wide open

A7(no 3rd) Em/A
Just like the day

A Asus4 A A5*
Oh like the day I heard.

A7sus4 D/A A7sus4
Pre-chorus 2 Daddy didn't give affection, no

A A5 A7sus4
And the boy was something that Mommy wouldn't wear

D/A A
King Jeremy the wicked

Oh, ruled his world.

Fmaj7 Dm9 A
Chorus 2 Jeremy spoke in class today
Fmaj7 Dm9 A
Jeremy spoke in class today
Fmaj7 Dm9 A
Jeremy spoke in class today.

x4
Instrumental ‖: A5* A7sus4 :‖

A5* A7sus4 A5*
Middle Try to forget this (try to forget this)

A7sus4 A5* A7sus4 A
Try to erase this (try to erase this)

Fmaj7 Dm Am
From the blackboard.

Chorus 3

Fmaj7 **Dm9** **A**
Jeremy spoke in class today

Fmaj7 **Dm9** **A**
Jeremy spoke in class today

Fmaj7 **Dm9**
Jeremy spoke in, spoke in . . .

Am
Jeremy spoke in, spoke in . . .

Fmaj7 **Dm9** **A**
Jeremy spoke in class today.

Instrumental

x2
‖: **Fmaj7** | **Dm9** | **Am** | **Am** :‖

x6
‖: **Fmaj7** | **Dm9** | **A5*** | **A5*** :‖

Free rhythm

Outro

A7*(no 3rd) **D/A*** **Bm/A*** **Am*** **G/A*** **Am**** **G/A***

Am** **A7*(no 3rd)** **D/A*** **Bm/A*** **Am*** **G/A***

Am** **G/A*** **A7sus4*(no 3rd)**

L.A. Woman

Words & Music by
Jim Morrison, Robbie Krieger, Ray Manzarek & John Densmore

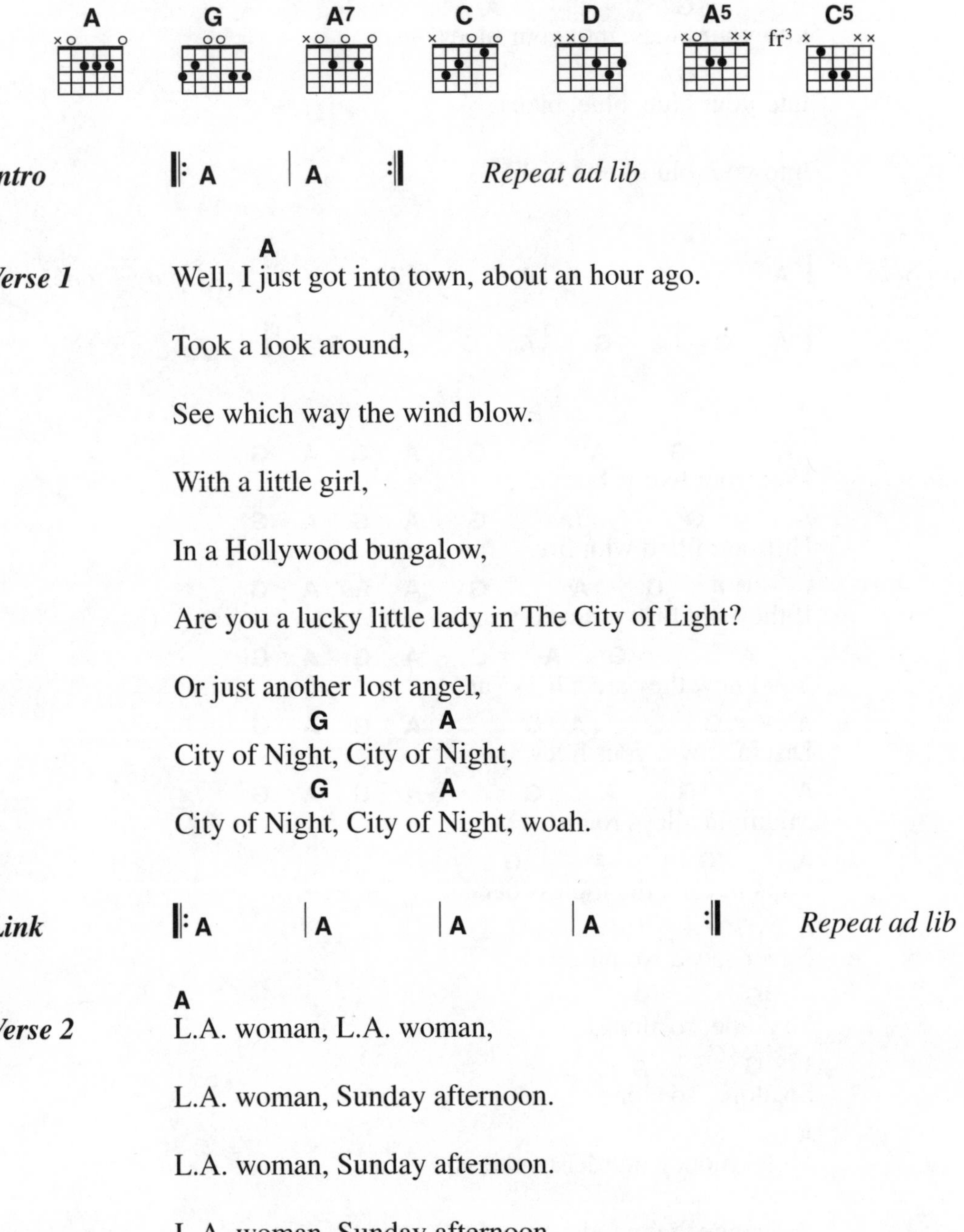

Intro |: A | A :| *Repeat ad lib*

Verse 1

A
Well, I just got into town, about an hour ago.

Took a look around,

See which way the wind blow.

With a little girl,

In a Hollywood bungalow,

Are you a lucky little lady in The City of Light?

Or just another lost angel,

G A
City of Night, City of Night,

G A
City of Night, City of Night, woah.

Link |: A | A | A | A :| *Repeat ad lib*

Verse 2

A
L.A. woman, L.A. woman,

L.A. woman, Sunday afternoon.

L.A. woman, Sunday afternoon.

L.A. woman, Sunday afternoon,

cont.

```
Drive through your suburbs,
          G                  A
Into your blues, into your blues, yeah,
          G
Into your blue, blue, blues,
          A
Into your blues, oh (yeah).
```

Piano Solo

```
|: A     | A     | A     | A     :|   play 4 times

|: A  G  | A  G  | A  G  | A  G  :|
```

Middle

```
  A        G    A        G    A   G   A   G
I see your hair is burnin' ,
A      G        A        G    A   G   A   G
Hills are filled with fire.
        A    G    A      G    A   G   A   G
If they say I never loved you,
    A        G    A      G    A   G   A   G
You know they are a li  -  ar.
A       G       A  G          A   G   A   G
Drivin' down your freeways,
A          G    A    G        A   G   A   G
Midnight alleys roam.
A       G       A    G
Cops in cars, the topless bars.
A
Never saw a woman,
    G       A
So alone, so alone,
    G       A
So alone, so alone.
A
Motel money murder madness,

A-change the mood,

From glad to sadness.
```

Link 2

```
|: A7  | A7  :|      Repeat ad lib
```

Middle 2

A5 C5 A5 C5 A5
Mister Mojo ris - in', Mister Mojo ris - in',

C5 A5 C5 A5
Mister Mojo ris - in', Mister Mojo ris - in'.

C5 A5
Got to keep on ris - in',

C5 A5 C5 A5
Mister Mojo ris - in', Mister Mojo ris - in',

C5 A5 C5 A5
Mojo ris - in', gotta Mojo ris - in',

C5 A5 C5 A5
Mister Mojo ris - in', gotta keep on ris - in'.

C5 A5
Risin', ris - in',

C5 A5
Gone risin', ris - in',

C5 A5
I'm gone risin', ris - in',

C5 A5
I gotta risin', ris - in'.

C5 A5
Well, risin', ris - in',

C
I gotta, woah, yeah, risin',

| D | D |
Woah, yeah.

Link 3 | A | A |

Verse 3 As Verse 1

Link 4 | A | A | A | A |

Outro

A
L.A. woman, L.A. woman,

L.A. woman, you're my woman.

Little L.A. woman, little L.A. woman,

L.A. L.A. woman woman, L.A. woman c'mon.

to fade

Livin' On A Prayer

Words & Music by
Jon Bon Jovi, Richie Sambora & Desmond Child

Em C/E D/E C D G

Verse 1

Em
Tommy used to work on the docks,
C/E D/E
Union's been on strike, he's down on his luck, it's tough,
Em
So tough.

Gina works the diner all day,
C/E D/E
Working for her man, she brings home her pay for love,
Em
For love.

Bridge 1

C D Em
She says we've got to hold on to what we've got,
C D Em
It doesn't make a difference if we make it or not,
C D Em C
We've got each other and that's a lot for love,
D
We'll give it a shot.

Chorus 1

Em C D
Oh, we're half way there,
G C D
Oh, livin' on a prayer,
Em C D
Take my hand, we'll make it I swear,
G C D Em
Oh, livin' on a prayer.

```
             Em
Verse 2      Tommy got his six-string in hock,
                                                            C/E       D/E
             Now he's holding in when he used to make it talk so tough,
                Em
             It's tough.

             Gina dreams of running away,
                                                               C/E     D/E
             When she cries in the night Tommy whispers "Baby, it's o.k."
                  Em
             Some day.


Bridge 2     As Bridge 1

             Em C      D
Chorus 2     Oh,  we're half way there,
             G  C D
             Oh,  livin' on a prayer,
             Em      C       D
             Take my hand, we'll make it I swear,
             G  C D
             Oh,  livin' on a prayer,
             C
             Livin' on a prayer.


Guitar solo  | Em  C | D       | G   C | D       |

             | Em  C | D       | G   C | Em      |

             Em         C   D       Em
             We've got to hold on, ready or not,
                 C                           D
             You live for the fight when that's all you've got.


             Repeat chorus to fade
```

Lust For Life

Words & Music by
David Bowie & Iggy Pop

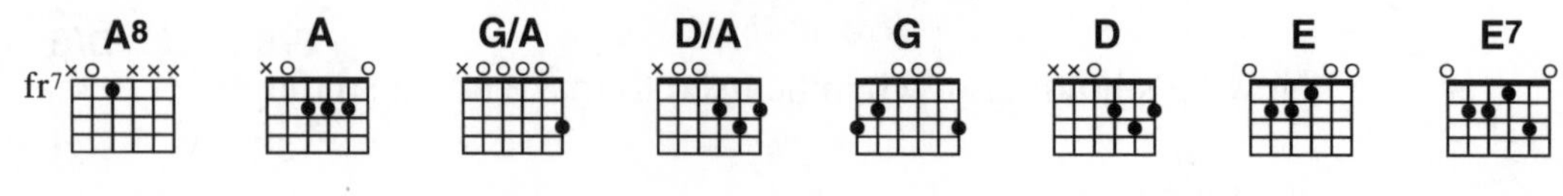

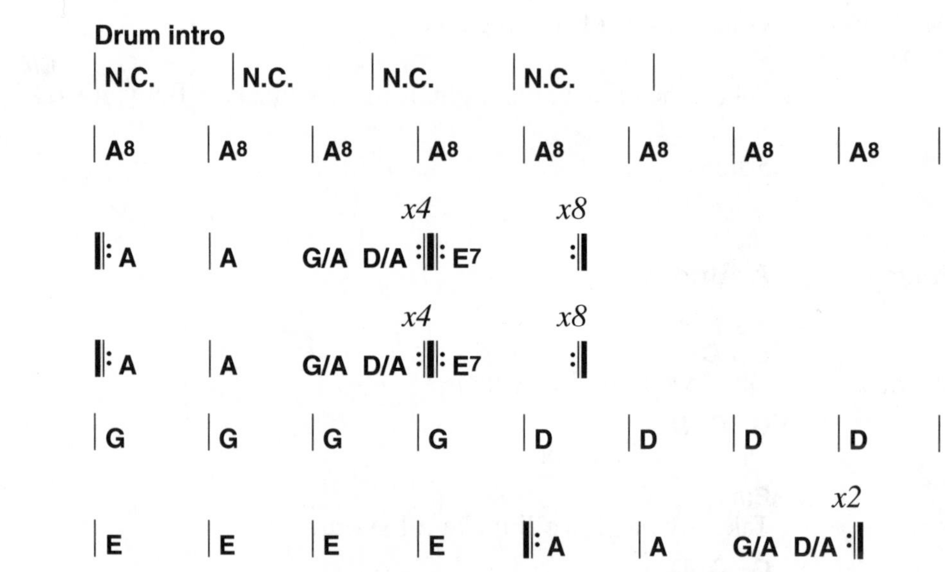

Verse 1

A G/A D/A A
Here comes Johnny Yen again
E7
With the liquor and drugs,

And the flesh machine,

He's gonna do another striptease.
A G/A D/A A G/A D/A
Hey man where'd you get that lotion?
A G/A D/A A
I been hurting since I bought the gimmick
E7
About something called love,

Yeah something called love

Well that's like hypnotizing chickens.

G
Chorus 1 Well I am just a modern guy,
D
Of course I've had it in the ear before
E
'Cause of a lust for life
A N.C.
'Cause of a lust for life.

(Bass only) | (A8) | (A8) | (A8) | (A8) |

(A)
Verse 2 I'm worth a million in prizes
(E)
With my torture film

Drive a G.T.O.

Wear a uniform,

All on a government loan.
A G/A D/A A G/A
I'm worth a million in prizes
D/A A D/A A
Yeah I'm through with sleeping on the sidewalk
E7
No more beating my brains, no more beating my brains

With the liquor and drugs, with the liquor and drugs.

G
Chorus 2 Well I am just a modern guy
D
Of course I've had it in the ear before
E
'Cause of a lust for life,
A D/A A
'Cause of a lust for life.

D/A A D/A A
I got a lust for life
D/A E7
Got a lust for life

Oh a lust for life

cont.

```
    A            D/A  A   D/A
Oh a lust for life
 A               D/A  A
A lust for life
     E7
I got a lust for life

I got a lust for life.
```

Chorus 3

```
G
   Well I am just a modern guy
D
   Of course I've had it in the ear before
             E
'Cause of a lust for life
             A           D/A  A
'Cause of a lust for life.
```

Verse 3

```
D/A    A                  D/A  A
   Well here comes Johnny    Yen    again
      E7
With the liquor and drugs

And the flesh machine

I know he's gonna do another striptease.
A                     D/A      A            D/A
Hey man where'd you get that   lotion?
    A                  D/A       A
Your skin starts itching once you    buy the gimmick
     E7
About something called love,

Oh love, love, love.

Well that's like hypnotizing chickens.
```

Chorus 4

```
G
   Well I am just a modern guy
D
   Of course I've had it in the ear before
             E7
'Cause of a lust for life
             A           D/A  A
'Cause of a lust for life.
```

cont.

D/A A
Got a lust for life

D/A A
Yeah a lust for life,

E7
I got a lust for life,

I got a lust for life,

I got a lust for life,

I got a lust for life,

A D/A
I got a lust for life. *Repeat to fade*

More Than A Feeling

Words & Music by
Tom Scholz

D Cadd9 G/B G Am Am/G C Em
E♭ (fr6) Em7 A7 Bm Bm/A D/F♯ Asus4 A

Intro |: D | Cadd9 G/B G :| *Play 3 times*

Verse 1

D Cadd9 G/B G
I looked out this morning and the sun was gone,
D Cadd9 G/B G
Turned on some music to start my day
D Cadd9 G/B G
And lost myself in a familiar song:
D Cadd9 G/B
And I closed my eyes and I slipped away. ___

Link 1 | Am Am/G | D | G C | Em D | G C | Em D ||

Chorus 1

G C Em D
It's more than a feeling, (more than a feeling)
G C Em D
When I hear that old song they used to play,
G C Em D
And I begin dreaming (more than a feeling)
G C E♭
'Til I see Marianne walk away.
Em7 A7 Bm Bm/A G D/F♯ Asus4 A
I see my Marianne walking away. ___

Guitar solo | D G | D/F♯ A | D G | D/F♯ A | D G | Bm A |
| D Bm | Em7 A | G | G D/F♯ Em ||

Link 2 | D | D | Cadd9 G/B G | D | Cadd9 G/B G ||

Verse 2
D Cadd9 G/B G
When I'm tired and thinking cold
D Cadd9 G/B G
I hide in my music, forget the day,
D Cadd9 G/B G
And dream of a girl I used to know,
D Cadd9 G/B Cadd9
I closed my eyes and she slipped away. ______

Link 3 | D | Cadd9 G/B G | D | Cadd9 G/B G |
She slipped a -

| D | Cadd9 | G/B | D | Cadd9 | G/B ||
-way.

Link 4 | Am Am/G | D | D |

| G C | Em D | G C | Em D ||

Chorus 2
G C Em D
It's more than a feeling, (more than a feeling)
G C Em D
When I hear that old song they used to play,
G C Em D
And I begin dreaming (more than a feeling)
G C Em D
'Til I see Marianne walk away.______

Coda |: G C | Em D :| *Repeat to fade*

Mr. Crowley

Words & Music by
Ozzy Osbourne, Bob Daisley & Randy Rhoads

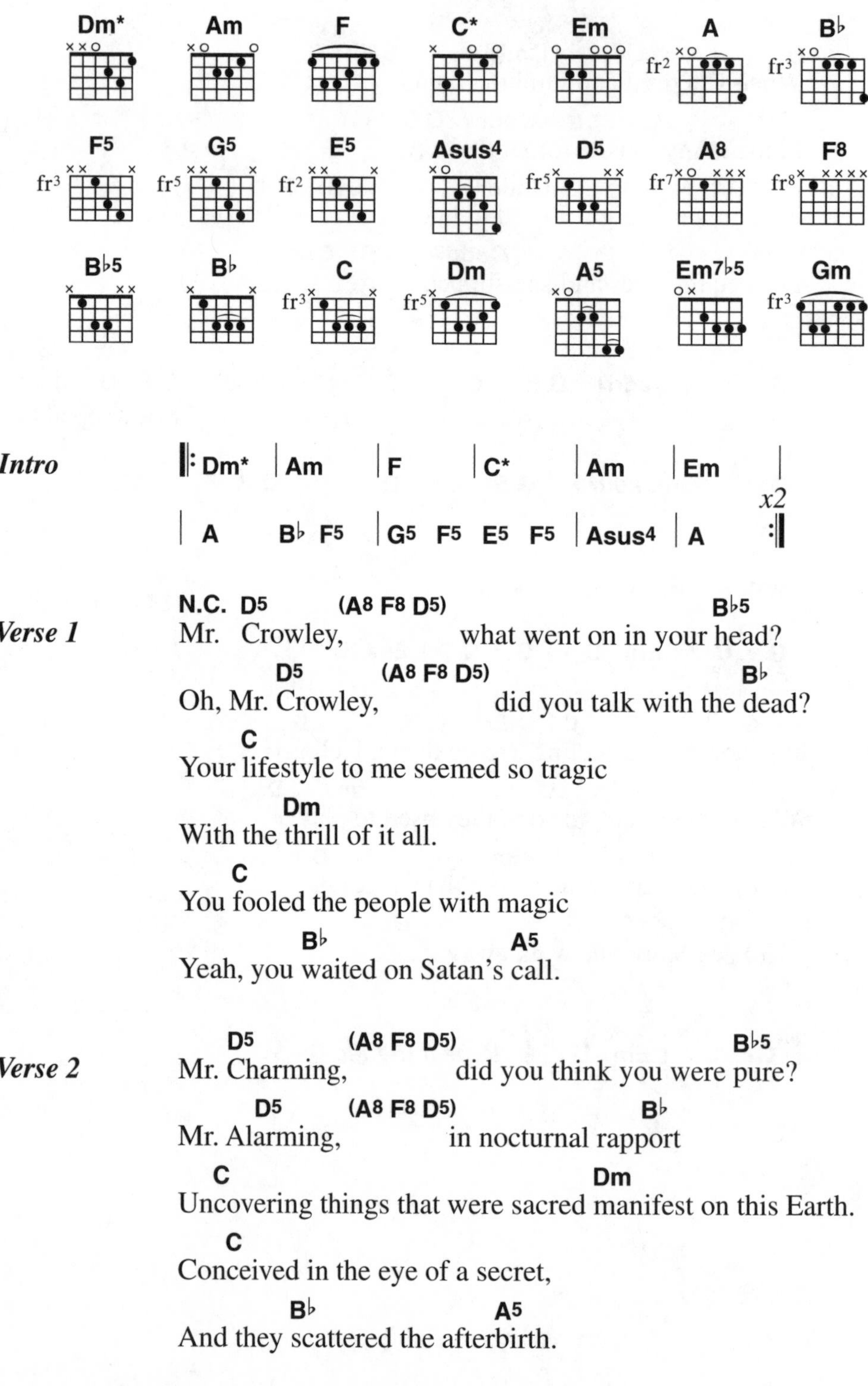

Intro

```
|: Dm* | Am | F | C* | Am | Em |
| A   B♭  F5 | G5  F5  E5  F5 | Asus4 | A :|  x2
```

Verse 1

```
N.C. D5        (A8 F8 D5)              B♭5
Mr.  Crowley,             what went on in your head?
         D5          (A8 F8 D5)               B♭
Oh, Mr. Crowley,                did you talk with the dead?
      C
Your lifestyle to me seemed so tragic
          Dm
With the thrill of it all.
     C
You fooled the people with magic
          B♭                 A5
Yeah, you waited on Satan's call.
```

Verse 2

```
    D5          (A8 F8 D5)               B♭5
Mr. Charming,              did you think you were pure?
      D5       (A8 F8 D5)           B♭
Mr. Alarming,              in nocturnal rapport
  C                                   Dm
Uncovering things that were sacred manifest on this Earth.
   C
Conceived in the eye of a secret,
          B♭              A5
And they scattered the afterbirth.
```

Guitar Solo

```
|: Dm    | B♭      | C   | Dm  |
                              x2
|  B♭    | Em7♭5   | A5  | A5  :|
```

Verse 3

```
   Dm       (A8 F8 Dm)                    B♭
Mr. Crowley,          won't you ride my white horse?
   Dm       (A8 F8 Dm)              B♭
Mr. Crowley,          it's symbolic of course.
  C
Approaching a time that is classic
           Dm
I hear that maidens call
  C
Approaching a time that is drastic
B♭                                 A5
Standing with their backs to the wall.
```

Instrumental

```
| Dm    | B♭      | C   | Dm  |

| B♭    | Em7♭5   | A   | A   |
```

Bridge

```
Dm B♭                         C
          Was it polemically sent?
Dm                               B♭
   I wanna know what you meant
Em7♭5
   I wanna know,
A
   I wanna know what you meant, yeah.
```

Outro

```
|: Dm   | Gm      | C   | F   |

|  B♭   | Em7♭5   | A   | A   :|     Repeat to fade
```

Motorcycle Emptiness

Words by Nicky Wire & Richey Edwards
Music by James Dean Bradfield & Sean Moore

E G♯m/D♯ C♯m A B

Emaj7/A Amaj7 Cmaj7 D Dsus2 G

Intro ‖: E | G♯m/D♯ | C♯m | A :‖ x2

Verse 1

```
E                         G♯m/D♯
Culture sucks down words,
     C♯m            A
Itemise loathing and feed yourself smiles.

| E      | G♯m/D♯  | C♯m    | A      |

     E                     G♯m/D♯
Organize your safe tribal war,
      C♯m           A
Hurt, maim, kill and enslave the ghetto-woh.

| E      | G♯m/D♯  | C♯m    | A      |
```

Pre-chorus 1

```
C♯m              E
Each day living out a lie
B                  Emaj7/A   A   Emaj7/A  A   Emaj7/A  A
Life sold cheaply forev   -   er,  ev   -  er,  ev   -  er.
```

Chorus 1

```
E            G♯m/D♯          C♯m                A
  Under neon       loneliness,    motorcycle      emptiness.
E            G♯m/D♯          C♯m                A
  Under neon       loneliness,    motorcycle      emptiness.

| E      | G♯m/D♯  | C♯m    | A      |
```

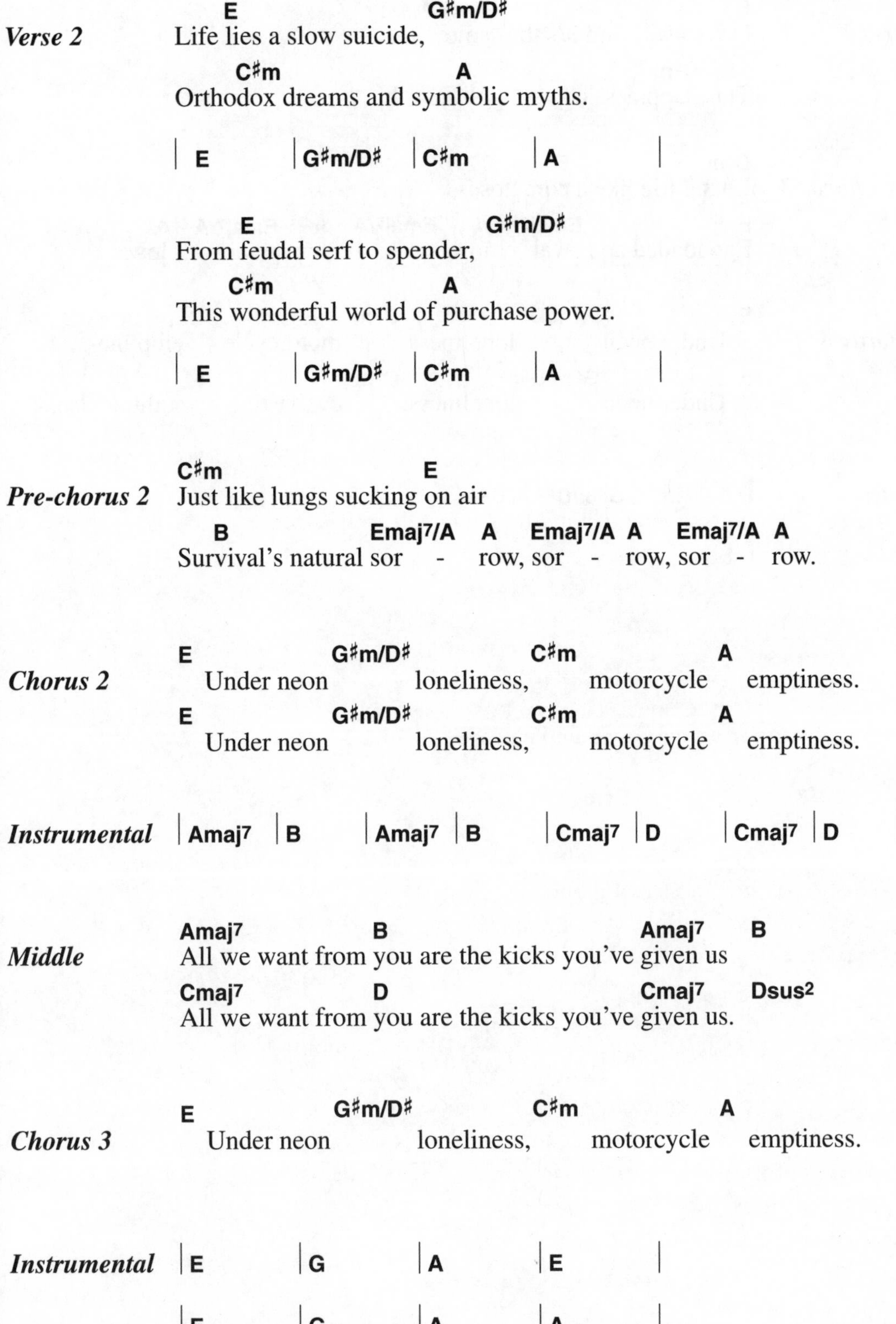

Verse 2

E G♯m/D♯
Life lies a slow suicide,
C♯m A
Orthodox dreams and symbolic myths.

| E | G♯m/D♯ | C♯m | A |

E G♯m/D♯
From feudal serf to spender,
C♯m A
This wonderful world of purchase power.

| E | G♯m/D♯ | C♯m | A |

Pre-chorus 2

C♯m E
Just like lungs sucking on air
B Emaj7/A A Emaj7/A A Emaj7/A A
Survival's natural sor - row, sor - row, sor - row.

Chorus 2

E G♯m/D♯ C♯m A
Under neon loneliness, motorcycle emptiness.
E G♯m/D♯ C♯m A
Under neon loneliness, motorcycle emptiness.

Instrumental

| Amaj7 | B | Amaj7 | B | Cmaj7 | D | Cmaj7 | D |

Middle

Amaj7 B Amaj7 B
All we want from you are the kicks you've given us
Cmaj7 D Cmaj7 Dsus2
All we want from you are the kicks you've given us.

Chorus 3

E G♯m/D♯ C♯m A
Under neon loneliness, motorcycle emptiness.

Instrumental

| E | G | A | E |

| E | G | A | A |

Verse 3

```
E                        G#m/D#
Drive away and it's the same
   C#m                   A
This happiness corrupt political shit.
```

Pre-chorus 3

```
C#m              E
Living life like a comatose
B                 Emaj7/A A   Emaj7/A  A   Emaj7/A  A
Ego loaded and swal  -  low, swal  -  low, swal  -  low.
```

Chorus 4

```
E              G#m/D#          C#m              A
   Under neon     loneliness,     motorcycle       emptiness.
E              G#m/D#          C#m              A
   Under neon     loneliness,     everlasting      nothing else.
```

Outro

```
                                        x2
||: E      | G#m/D#  | C#m     | A      :||
| E       ||
```

Now I'm Here

Words & Music by
Brian May

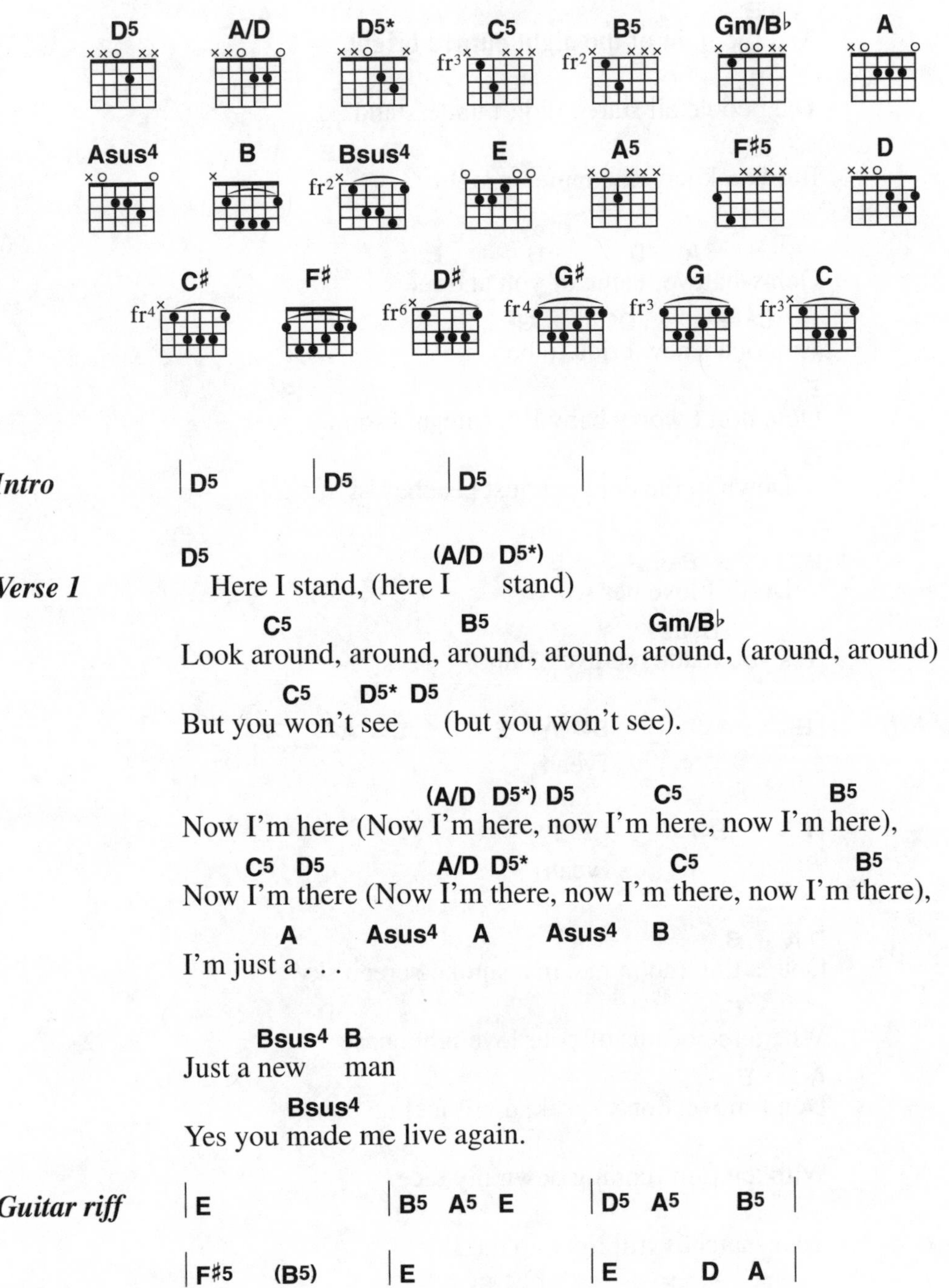

Intro | D5 | D5 | D5 |

Verse 1

D5 (A/D D5*)
Here I stand, (here I stand)
C5 B5 Gm/B♭
Look around, around, around, around, around, (around, around)
C5 D5* D5
But you won't see (but you won't see).

(A/D D5*) D5 C5 B5
Now I'm here (Now I'm here, now I'm here, now I'm here),
C5 D5 A/D D5* C5 B5
Now I'm there (Now I'm there, now I'm there, now I'm there),
A Asus4 A Asus4 B
I'm just a . . .

Bsus4 B
Just a new man
Bsus4
Yes you made me live again.

Guitar riff | E | B5 A5 E | D5 A5 B5 |
| F♯5 (B5) | E | E D A |

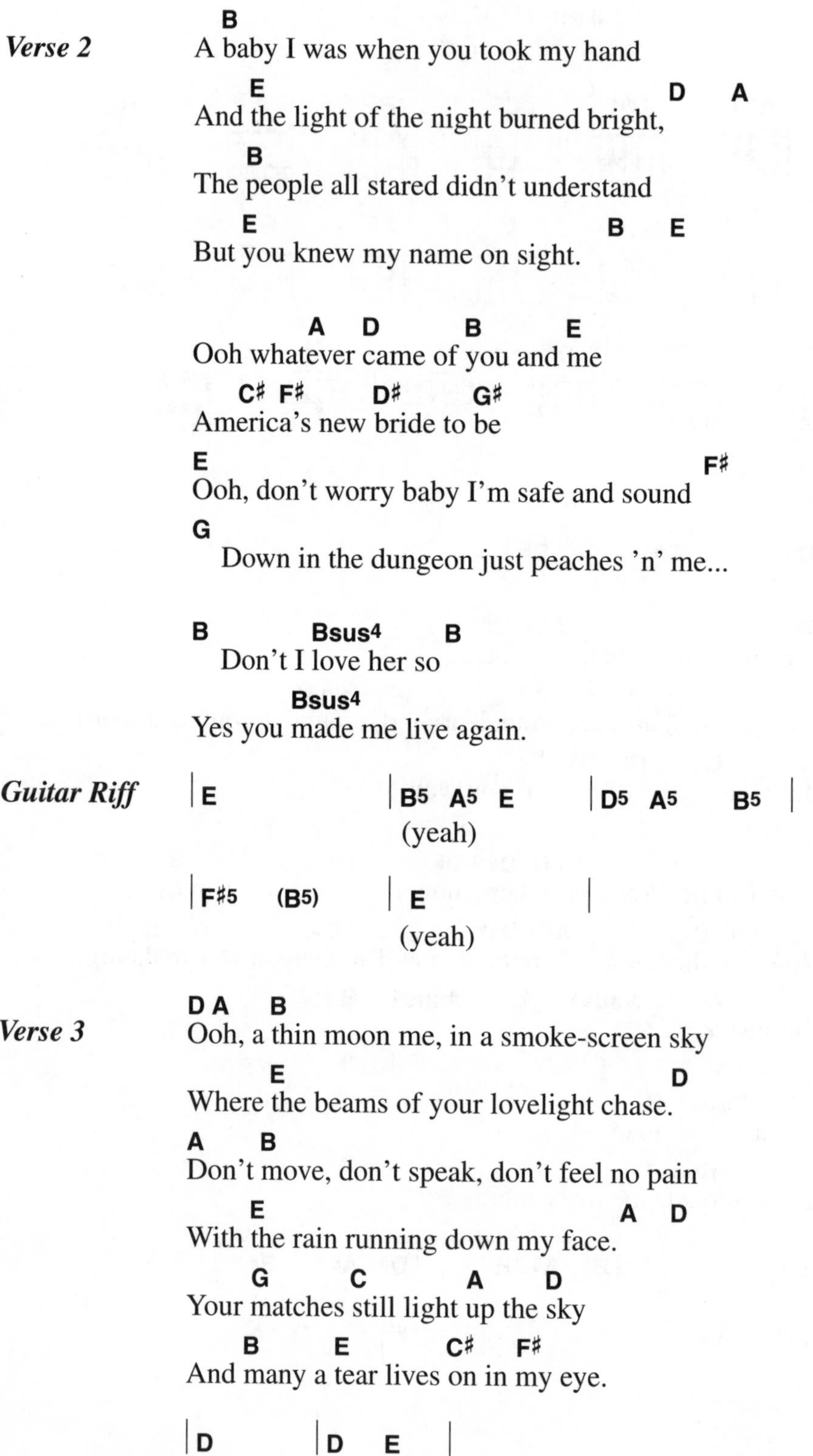

Verse 2

B
A baby I was when you took my hand
E D A
And the light of the night burned bright,
B
The people all stared didn't understand
E B E
But you knew my name on sight.

A D B E
Ooh whatever came of you and me
C♯ F♯ D♯ G♯
America's new bride to be
E F♯
Ooh, don't worry baby I'm safe and sound
G
Down in the dungeon just peaches 'n' me...

B Bsus4 B
Don't I love her so
Bsus4
Yes you made me live again.

Guitar Riff

| E | B5 A5 E (yeah) | D5 A5 B5 |
| F♯5 (B5) | E (yeah) |

Verse 3

D A B
Ooh, a thin moon me, in a smoke-screen sky
E D
Where the beams of your lovelight chase.
A B
Don't move, don't speak, don't feel no pain
E A D
With the rain running down my face.
G C A D
Your matches still light up the sky
B E C♯ F♯
And many a tear lives on in my eye.

| D | D E |

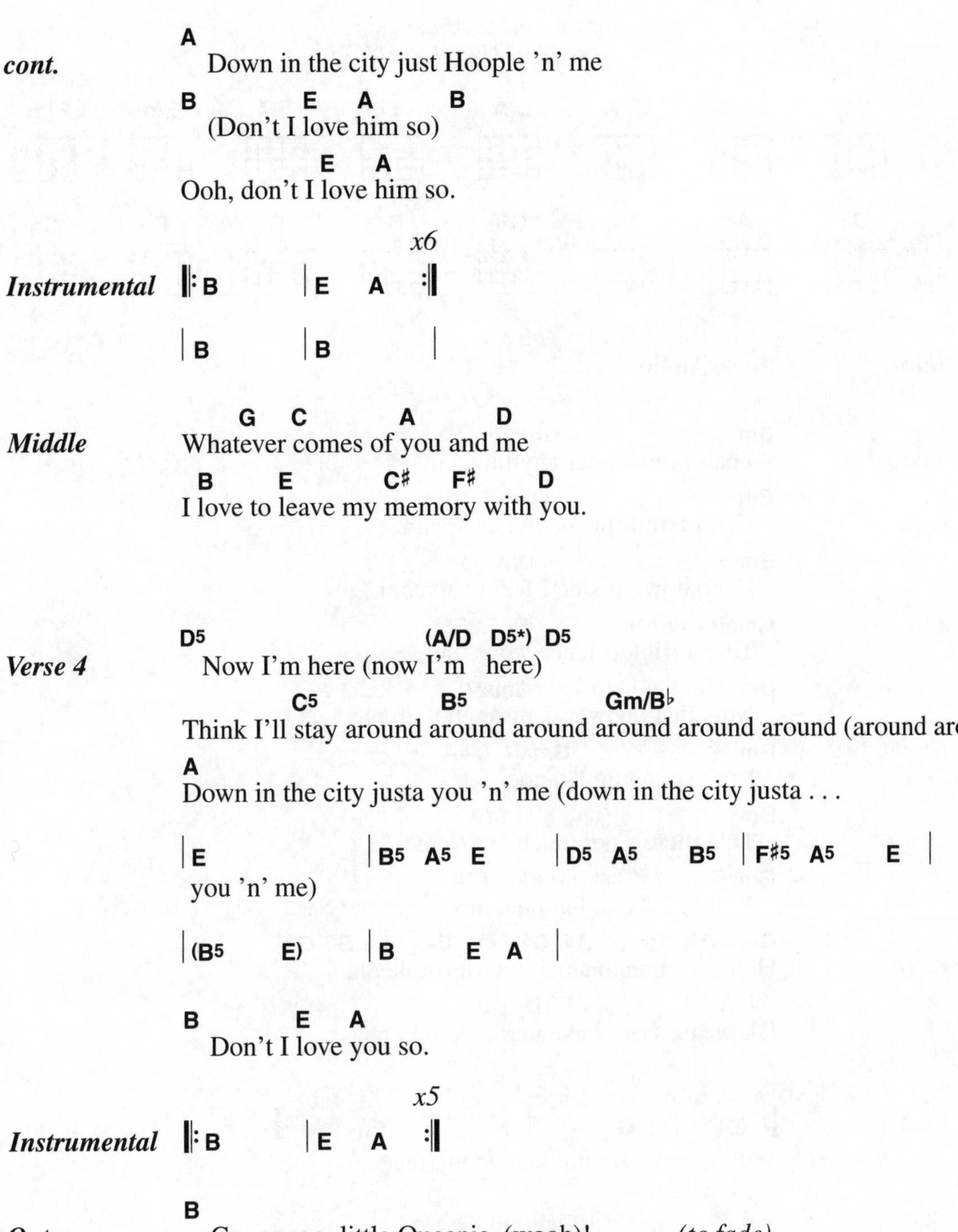

cont.

A
Down in the city just Hoople 'n' me
B E A B
(Don't I love him so)
E A
Ooh, don't I love him so.

Instrumental 𝄆 B | E A 𝄇 *x6*
| B | B |

Middle

G C A D
Whatever comes of you and me
B E C♯ F♯ D
I love to leave my memory with you.

Verse 4

D5 (A/D D5*) D5
Now I'm here (now I'm here)
C5 B5 Gm/B♭
Think I'll stay around around around around around around (around aro
A
Down in the city justa you 'n' me (down in the city justa . . .
| E | B5 A5 E | D5 A5 B5 | F♯5 A5 E |
you 'n' me)
| (B5 E) | B E A |

B E A
Don't I love you so.

Instrumental 𝄆 B | E A 𝄇 *x5*

Outro

B
Go, go, go, little Queenie, (wooh)! *(to fade)*

One

Words & Music by
James Hetfield & Lars Ulrich

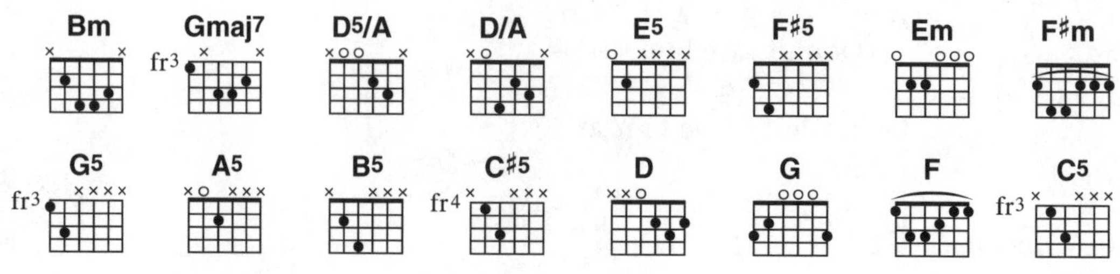

Intro (Bm) Ad lib.

Verse 1

Bm Gmaj7
I can't remember anything,
Bm Gmaj7 D5/A
Can't tell if this is true or dream.
Bm D/A
Deep down inside I feel to scream,
Gmaj7 E5 F♯5
This terrible silence stops me.
Bm Gmaj7
Now that the war is through with me,
Bm Gmaj7 D5/A
I'm waking up I cannot see
Bm D/A
That there's not much left to me.
Gmaj7 E5 F♯5
Nothing is real but pain now!
G5 A5 B5 A5 G5 F♯5 B5 A5 B5 C♯5
Hold my breath as I wish for death,
B5 A5 D
Oh please God wake me!

Link 1 ‖: (D) | G | F | Em :‖

Verse 2

```
Bm                          Gmaj7
  Back in the womb it's much too real,
Bm                       Gmaj7 D5/A
  In pumps life that I must feel,
Bm                              D/A
  But I can't look forward to reveal,
Gmaj7                        E5   F#5
  Look to the time when I'll  live.
Bm                                 Gmaj7
  Fed through the tube that sticks in me,
Bm                         Gmaj7  D5/A
  Just like a wartime novel - ty,
Bm                          D/A
  Tied to machines that make me be,
Gmaj7                 E5     F#5
  Cut this life off from me!
G5    A5   B5       A5  G5  F#5    B5     A5  B5  C#5
Hold my  breath as  I   wish for death,
B5  A5                  D
Oh please God wake me!
```

Link 2

|: (D) | G | F | Em :| *Play 4 times*

Bridge

```
G5    A5   B5       A5  G5
Now the  world is   gone,
F#5  B5   A5  B5  C#5
I'm  just one.
B5   A5    B5    C#5
Oh  God  help  me.
G5    A5   B5       A5  G5  F#5    B5     A5  B5  C#5
Hold my  breath as  I   wish for death,
B5  A5       B5     C#5   G5    A5  B5  A5  G5  F#5  B5
Oh  please God, help  me!
```

Instrumental

|: A5 | G5 | B5 | C5 :| *Play 4 times*

|: C5 | D5 | B5 | C5 :|

| C5 | C5 || E5 | E5 | E5 |

| E5 F5 | E5 F5 | E5 F5 | E5 F5 | E5 F5 ||

Middle

E5
Darkness imprisoning me,
F5
All that I see, absolute horror!
E5
I cannot live! I cannot die!
F5 E5
Trapped in myself, body, my holding cell!

(E5)
Landmine has taken my sight,
F5
Taken my speech, taken my hearing,
E5
Taken my arms, taken my legs,
F5 E5
Taken my soul, left me with life in hell!

Solo

𝄆 (E5) | E5 F5 | E5 | E5 F5 | E5 | E5 F5
| E5 | E5 F5 | E5 | E5 | E5 | E5 𝄇

Repeat ad lib. to fade

Pretty In Pink

Words & Music by
Richard Butler, John Ashton, Roger Morris, Tim Butler, Duncan Kilburn & Vince Ely

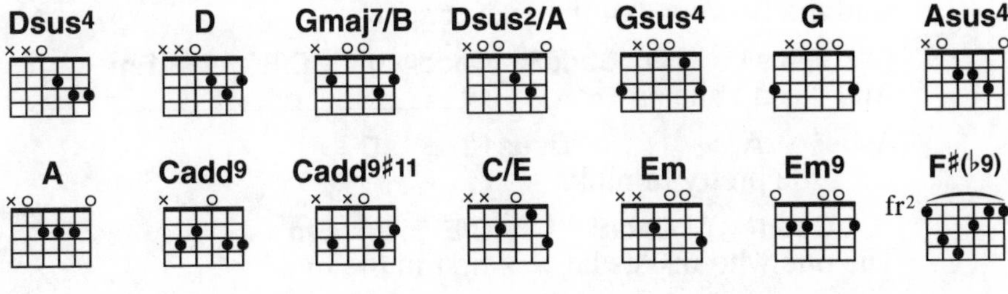

x2

Intro ‖: **Dsus4 D** | **Dsus4 Gmaj7/B Dsus2/A** | **Gsus4 G** | **Asus4 A** :‖

Verse 1

Dsus4 D Cadd9 Cadd9♯11
Caroline laughs and it's raining all day
C/E Em Asus4 A
She loves to be one of the girls
Dsus4 D Cadd9 Cadd9♯11
She lives in a place in the side of our lives
C/E Em Asus4 A
Where nothing is ever put straight
Dsus4 D Cadd9 Cadd9♯11
She turns herself around and she smiles and she says
C/E Em Asus4 A
'This is it that's the end of the joke'
Dsus4 D Cadd9 Cadd9♯11
And loses herself in her dreaming and sleep
C/E Em Asus4 A
And her lovers walk through in their coats, she's ___

Chorus 1

Em9 F♯(♭9) G
Pretty in pink
F♯(♭9) Em9
Isn't she ___
F♯(♭9) G
Pretty in pink
F♯(♭9)
Isn't she.

Verse 2

Dsus4 D Cadd9 Cadd9♯11
All of her lovers all talk of her notes
C/E Em Asus4 A
And the flowers that they never sent
Dsus4 D Cadd9 Cadd9♯11 C/E Em
And wasn't she ea - sy__________
Asus4 A Dsus4 D
Isn't she pretty in pink.
Cadd9 Cadd9♯11 C/E Em
The one who insists he was first in the line
Asus4 A Dsus4 D
Is the last to remember her name
Cadd9 Cadd9♯11 C/E Em
He's walking around in this dress that she wore
Asus4 A Em9
She is gone but the joke's the same.__________

Chorus 2

F♯(♭9) G
Pretty in pink
F♯(♭9) Em9
Isn't she,
F♯(♭9) G
Pretty in pink
F♯(♭9)
Isn't she.

Instrumental

x4
𝄆 Dsus4 D | Dsus4 Gmaj7/B Dsus2/A | Gsus4 G | Asus4 A 𝄇

Verse 3

Dsus4 D Cadd9 Cadd9♯11
Caroline talks to you softly sometimes
C/E Em Asus4 A
She says 'I love you' and 'Too much'
Dsus4 D Cadd9 Cadd9♯11 C/E Em
She doesn't have anything you want to steal, well,__________
Asus4 A Dsus4
Nothing you can touch.
D Cadd9 Cadd9♯11 C/E Em
She______ waves __________
Asus4 A
She buttons your shirt
Dsus4 D Cadd9
The traffic is waiting outside
Cadd9♯11 C/E Em Asus4
She hands you this coat, she gives you her clothes
A Em9
These cars collide.

Chorus 3

F♯(♭9)   G
Pretty in pink
F♯(♭9)   Em9
Isn't she,
F♯(♭9)   G
Pretty in pink
F♯(♭9)
Isn't she.

Outro

x8
|: Dsus4 D | Dsus4 Gmaj7/B Dsus2/A | Gsus4 G | Asus4 A :|

| D || *ad lib. vocals*

Paranoid

Words & Music by
Ozzy Osbourne, Tony Iommi, Terry 'Geezer' Butler & Bill Ward

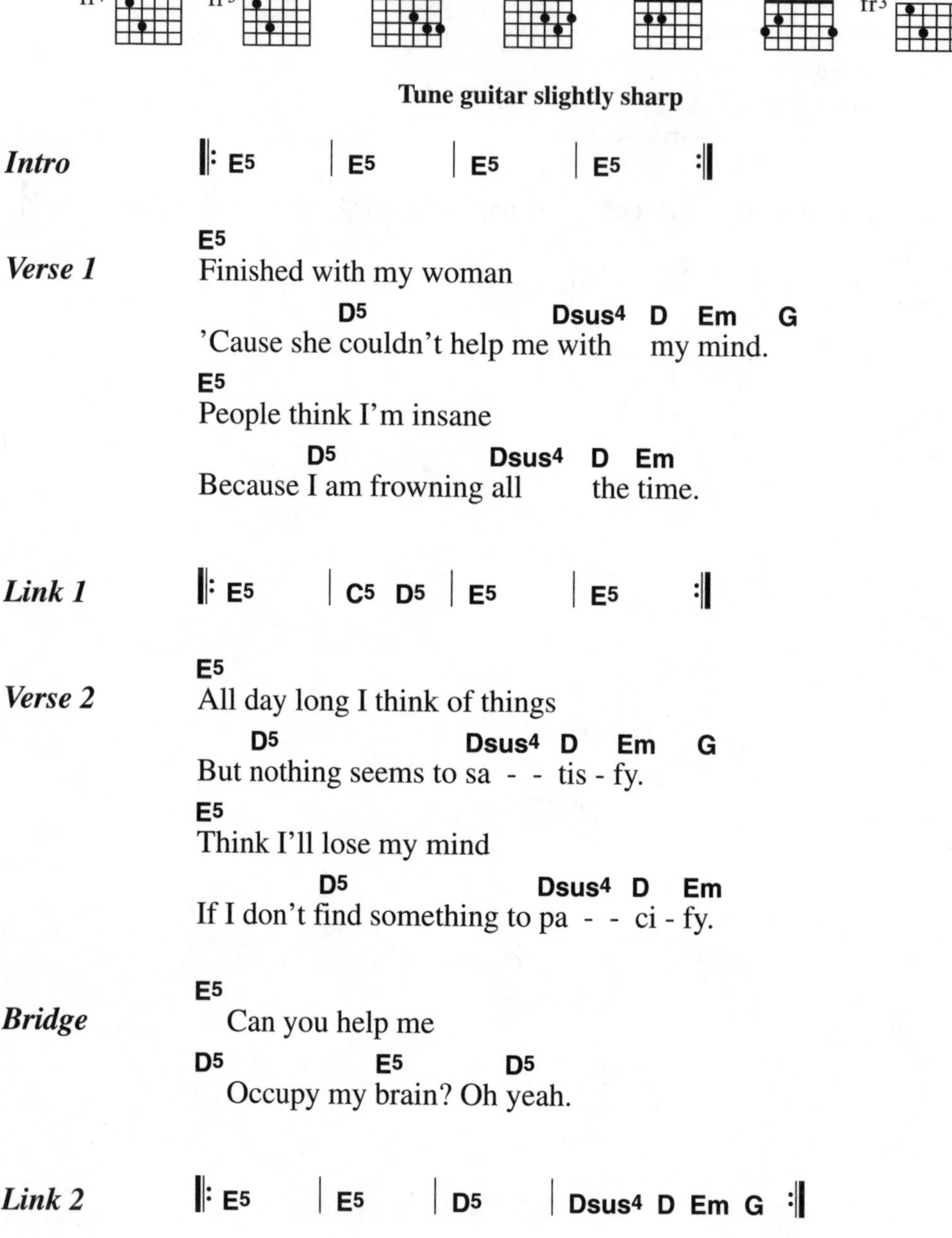

Tune guitar slightly sharp

Intro ‖: E5 | E5 | E5 | E5 :‖

Verse 1

E5
Finished with my woman
D5 Dsus4 D Em G
'Cause she couldn't help me with my mind.
E5
People think I'm insane
D5 Dsus4 D Em
Because I am frowning all the time.

Link 1 ‖: E5 | C5 D5 | E5 | E5 :‖

Verse 2

E5
All day long I think of things
D5 Dsus4 D Em G
But nothing seems to sa - - tis - fy.
E5
Think I'll lose my mind
D5 Dsus4 D Em
If I don't find something to pa - - ci - fy.

Bridge

E5
Can you help me
D5 E5 D5
Occupy my brain? Oh yeah.

Link 2 ‖: E5 | E5 | D5 | Dsus4 D Em G :‖

Verse 3

```
E5
I need someone to show me
     D5                  Dsus4   D     Em   G
The things in life that I        can't find.
E5
I can't see the things
                      D5            Dsus4  D   Em
That make true happiness, I must      be  blind.
```

Guitar solo ||: E5 | E5 | D5 | Dsus4 D Em G :|| *Play 4 times*

Link 3 ||: E5 | E5 | D5 | Dsus4 D Em G :||

Verse 4

```
E5
Make a joke and I will sigh
      D5                     Dsus4   D    Em   G
And you will laugh and I          will cry.
E5
Happiness I cannot feel
      D5              Dsus4   D   Em
And love to me is so          un - real.
```

Link 4 ||: E5 | C5 D5 | E5 | E5 :||

Verse 5

```
E5
And so as you hear these words
     D5            Dsus4  D    Em    G
Telling you now of        my  state,
E5
I tell you to enjoy life,
  D5                 Dsus4   D   Em
I wish I could but it's      too late.
```

Coda | E5 | E5 | D5 | Dsus4 D Em G |

| E5 | E5 | D5 | Dsus4 D Em ||

Purple Rain

Words & Music by
Prince

Bbadd9/D Gm7add11 Fsus2 Ebmaj9 Bbsus2 F Bb Eb

Intro | Bbadd9/D | Gm7add11 | Fsus2 | Ebmaj7 ||

Verse 1

Bbsus2 Gm7add11
I never meant 2 cause U any sorrow,
Fsus2 Ebmaj9
I never meant 2 cause U any pain.
Bbsus2 Gm7add11
I only wanted one time 2 see U laughing,
F Bb
I only want 2 see U laughing in the purple rain.

Chorus 1

N.C. Eb Bbsus2
Purple rain, purple rain, purple rain, purple rain,
Gm7add11 F
Purple rain, purple rain.
Bb
I only want 2 see U bathing in the purple rain.

Verse 2

N.C. Bbsus2 Gm7add11
I never wanted 2 be your weekend lover,
Fsus2 Ebmaj9
I only wanted 2 be some kind of friend, hey.
Bbsus2 Gm7add11
Baby, I could never steal U from another.
F Bb
It's such a shame our friendship had 2 end.

Chorus 2

N.C. Eb Bbsus2
Purple rain, purple rain, purple rain, purple rain,
Gm7add11 F
Purple rain, purple rain.
Bb
I only want 2 see U underneath the purple rain.

Verse 3

```
N.C.                                      B♭sus2   Gm7add11
Honey, I know, I know, I know times are changing.
Fsus2                                    E♭maj9
  It's time we all reach out 4 something new, that means U 2.
B♭sus2                Gm7add11
  U say U want a leader,  but U can't seem 2 make up your mind.
              F                                                    B♭
I think U better close it and let me guide U through the purple rain.
```

Chorus 3

```
N.C.              E♭                        B♭sus2
Purple rain, purple rain, purple rain, purple rain.
                                                     Gm7add11
If U know what I'm singin' about up here, come on raise your hand.
                    F
Purple rain, purple rain.
                                                         B♭
I only want 2 see U, only want 2 see U in the purple rain.
```

Guitar solo

```
|: B♭sus2   | Gm7add11 | F        | E♭maj9  :| B♭      ||
                                   Play 10 times
```

Revolution

Words & Music by
John Lennon & Paul McCartney

A **E7** **D** **Bm/F♯** **G** **F♯** **B♭6** **A6**

Capo first fret

Intro | A | A | A | E7 ||

```
                A
Verse 1   You say you want a revolution,
                          D
          Well, you know,
                                        A
          We all want to change the world.

          You tell me that it's evolution,
                          D
          Well, you know,
                                        E7
          We all want to change the world.
          Bm/F♯                          E7
            But when you talk about destruction,
          Bm/F♯                                  G     A    F♯
            Don't you know that you can count me out.

          E7                                   A     D
Chorus 1    Don't you know it's going to be alright,
          A   D    A   D
            Alright,   alright.

          | E7     | E7     ||

                A
Verse 2   You say you got a real solution,
                          D
          Well, you know,
                                        A
          We'd all love to see the plan.
```

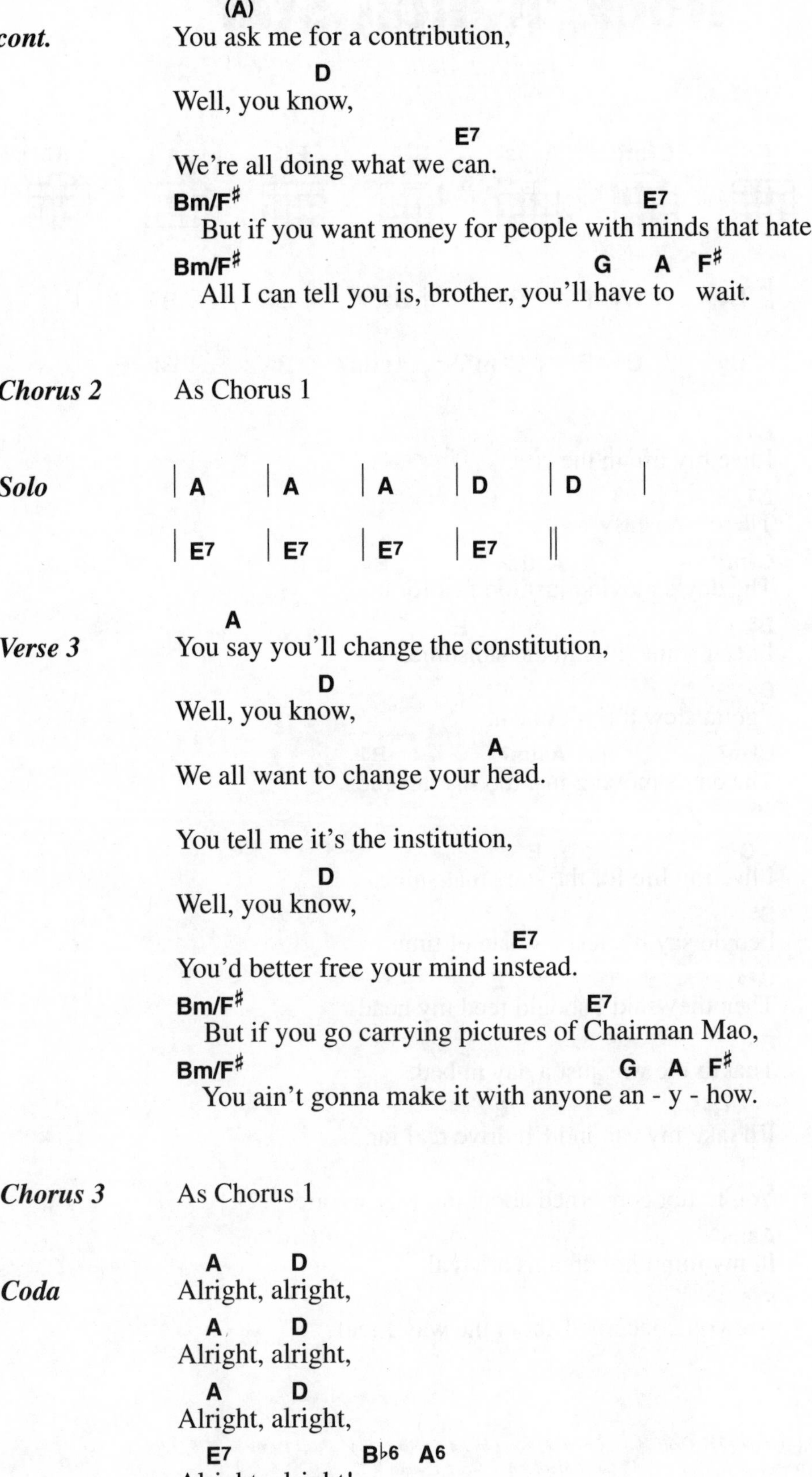

cont.

(A)
You ask me for a contribution,
D
Well, you know,
E7
We're all doing what we can.
Bm/F♯ E7
But if you want money for people with minds that hate,
Bm/F♯ G A F♯
All I can tell you is, brother, you'll have to wait.

Chorus 2

As Chorus 1

Solo

| A | A | A | D | D |

| E7 | E7 | E7 | E7 ||

Verse 3

A
You say you'll change the constitution,
D
Well, you know,
A
We all want to change your head.

You tell me it's the institution,
D
Well, you know,
E7
You'd better free your mind instead.
Bm/F♯ E7
But if you go carrying pictures of Chairman Mao,
Bm/F♯ G A F♯
You ain't gonna make it with anyone an - y - how.

Chorus 3

As Chorus 1

Coda

A D
Alright, alright,
A D
Alright, alright,
A D
Alright, alright,
E7 B♭6 A6
Alright, alright!

Rock 'n' Roll Star

Words & Music by
Noel Gallagher

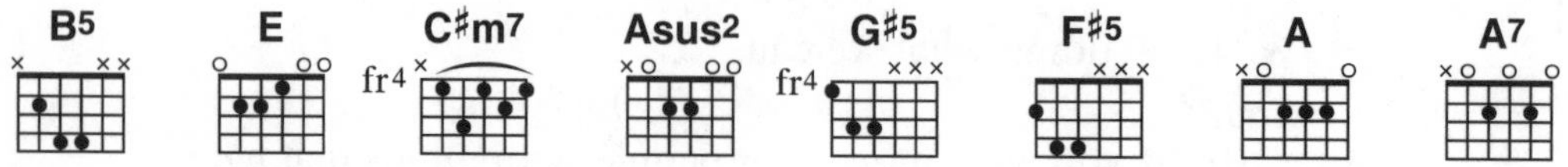

B5 E C♯m7 Asus2 G♯5 F♯5 A A7

Intro |: B5 | B5 E | B5 | B5 E :| B5 | B5 E |
| B5 | B5 E | C♯m7 | Asus2 | B5 | B5 E ||

Verse 1

```
B5                     E
I live my life in the city,
B5                        E
There's no easy way out,
C♯m7                    Asus2            B5   E
The day's moving just too fast for me.
B5                               E
I need some time in the sunshine,
B5                          E
I gotta slow it right down,
C♯m7                    Asus2            B5
The day's moving just too fast for me.
```

Bridge 1

```
  G♯5                    E
I live my life for the stars that shine,
B5
People say it's just a waste of time.
G♯5                            E
Then they said I should feed my head,
B5
That to me was just a day in bed.
    G♯5                     E
I'll take my car and I'll drive real far,
        B5
You're not concerned about the way we are.
Asus2
In my mind my dreams are real,
F♯5
Are you concerned about the way I feel?
```

Chorus 1

```
 Asus2 E             B5
Tonight    I'm a rock 'n' roll star,
 Asus2 E                B5
Tonight    I'm a rock 'n' roll star.
```

Verse 2 As Verse 1

Bridge 2 As Bridge 1

Chorus 2

```
 Asus2 E             B5
Tonight    I'm a rock 'n' roll star,
 Asus2 E             B5
Tonight    I'm a rock 'n' roll star,
 Asus2 E             B5
Tonight    I'm a rock 'n' roll star.
```

Middle

```
Asus2
You're not down with who I am,
E                                            B5
Look at you now, you're all in my hands tonight.
```

Guitar solo Chords as Verse 1

Chorus 3 As Chorus 2

Guitar solo

```
||: A   A7 | A   A7 | A   A7 | A   A7 :||
||: F#5    | E      | F#5    | E      :||
```

Outro

```
(E)                    F#5 E
It's just rock 'n' roll,
F#5     E              F#5 E
It's just rock 'n' roll,
F#5     E              F#5 E
It's just rock 'n' roll,
F#5     E              F#5 E
It's just rock 'n' roll,
F#5     E              F#5 E
It's just rock 'n' roll.
```

Repeat Outro ad lib. to fade

Rocky Mountain Way

Words & Music by
Joe Walsh, Joe Vitale, Kenny Passarelli & Roche Grace

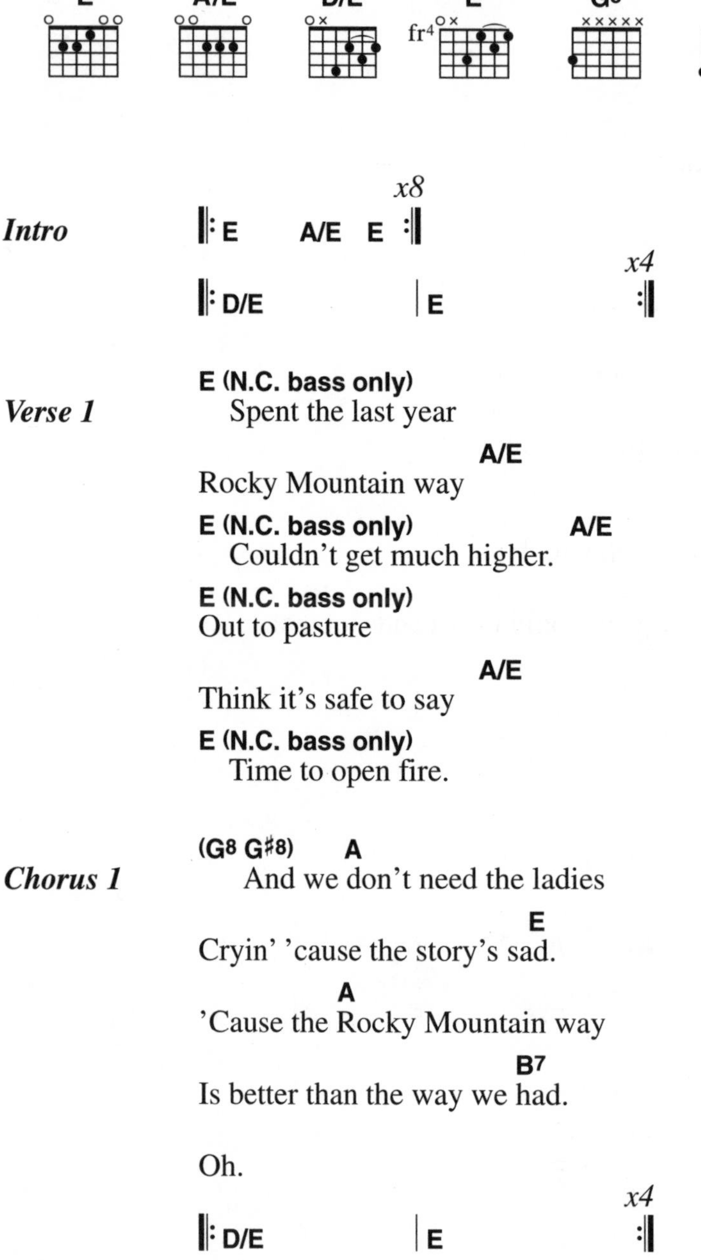

Intro
𝄆 E A/E E 𝄇 *x8*
𝄆 D/E | E 𝄇 *x4*

Verse 1

```
E (N.C. bass only)
   Spent the last year
                         A/E
Rocky Mountain way
E (N.C. bass only)                    A/E
   Couldn't get much higher.
E (N.C. bass only)
Out to pasture
                         A/E
Think it's safe to say
E (N.C. bass only)
   Time to open fire.
```

Chorus 1

```
(G8 G♯8)       A
   And we don't need the ladies
                              E
Cryin' 'cause the story's sad.
            A
'Cause the Rocky Mountain way
                             B7
Is better than the way we had.

Oh.
```

𝄆 D/E | E 𝄇 *x4*

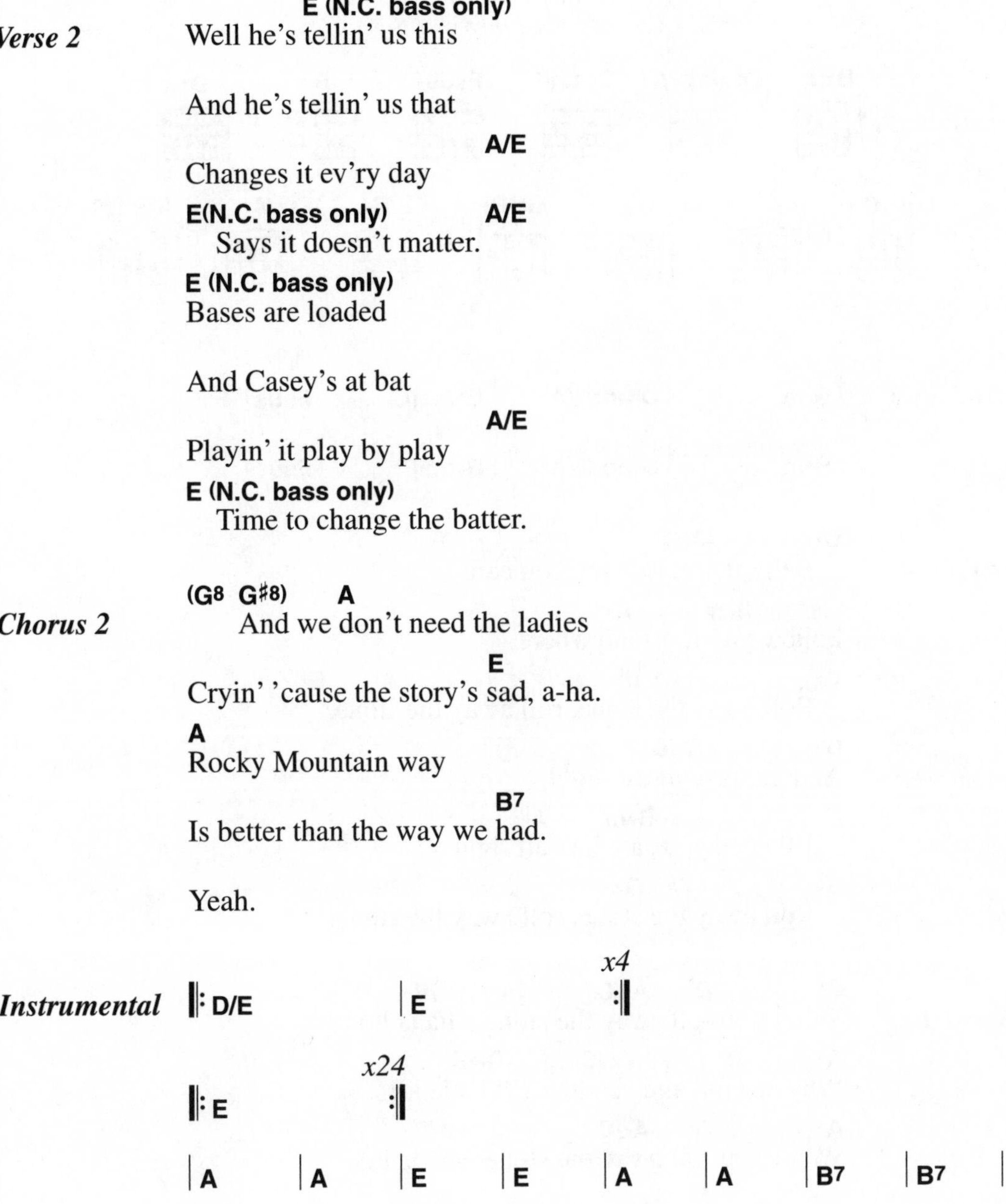

Verse 2

E (N.C. bass only)
Well he's tellin' us this

And he's tellin' us that

A/E
Changes it ev'ry day

E(N.C. bass only) A/E
Says it doesn't matter.

E (N.C. bass only)
Bases are loaded

And Casey's at bat

A/E
Playin' it play by play

E (N.C. bass only)
Time to change the batter.

Chorus 2

(G8 G♯8) A
And we don't need the ladies

E
Cryin' 'cause the story's sad, a-ha.

A
Rocky Mountain way

B7
Is better than the way we had.

Yeah.

Instrumental

𝄆 D/E | E 𝄇 *x4*

𝄆 E 𝄇 *x24*

| A | A | E | E | A | A | B7 | B7 |

𝄆 D/E | E 𝄇 *Repeat to fade*

Roll Away The Stone

Words & Music by
Ian Hunter

B♭m D♭add9/A♭ G♭maj7 Fsus4 F D♭
A♭/C A♭ G♭ G♭/B♭ E/G♯ A A♭sus4

Intro | B♭m | D♭add9/A♭ | G♭maj7 | Fsus4 F |
| B♭m | D♭add9/A♭ | G♭maj7 | Fsus4 |

Verse 1
```
D♭           A♭/C                    F
   Baby if you just say you care
           B♭m        A♭
Follow you most anywhere
G♭                  D♭                    A♭      G♭
   Roll away the stone, roll away the stone.
D♭             A♭/C
And, in the darkest night,
F                     B♭m       A♭
   I'll keep you safe and all right
G♭                  D♭                    A♭
   Roll away the stone, roll away the stone.
```

Chorus 1
```
G♭              D♭    A♭/C               G♭/B♭
Won't you roll away the stone (sha la la)
A♭          D♭          A♭/C        G♭/B♭
Why be cold and so alone? (Sha la la)
A♭              D♭    A♭/C               G♭/B♭
Won't you roll away the stone (sha la la)
              A♭
Don't you let it die.
```

| B♭m | D♭add9/A♭ | G♭maj7 | Fsus4 F |
| B♭m | D♭add9/A♭ | G♭maj7 | Fsus4 |

Verse 2

```
Db                 Ab/C                    F
   No matter if fools say we can't win
             Bbm  Ab
I know I'll fall in love again
Gb                Db                 Ab
   Roll away the stone, roll away the stone.
Gb Db         Ab/C
So sing - we still got a chance
F        Bbm    Ab
Baby in love and sweet romance
Gb                Db                 Ab
   Roll away the stone, roll away the stone.
```

Chorus 2

```
Gb           Db    Ab/C          Gb/Bb
Won't you roll away the stone (sha la la)
Ab       Db       Ab/C      Gb/Bb
Why be cold and so alone? (Sha la la)
Ab           Db    Ab/C          Gb/Bb
Won't you roll away the stone (sha la la)
             Ab
Don't you let it lie.
```

Instrumental | Bbm | Dbadd9/Ab | Gbmaj7 | Fsus4 F |

Middle

```
             E/G#
There's a rockabilly party on Saturday night
     A
Are you gonna be there?

(Well I got my invite)
E/G#
Gonna bring your records

(Oh will do)
```

Link | Absus4 | Ab | Absus4 | Ab |

Chorus 3

```
Gb           Db   Ab/C            Gb/Bb
Won't you roll away the stone (sha la la)
Ab       Db        Ab/C       Gb/Bb
Why be cold and so alone? (Sha la la)
Ab           Db   Ab/C            Gb/Bb
Won't you roll away the stone (sha la la)
               Ab         Db       Ab/C   Gb/Bb
Don't you let it die (oooh)___________
Ab          Db                 Ab/C Gb/Bb
Come on roll (won't you roll away the stone)
Ab          Db                        Ab/C Gb/Bb
Come on roll, yeah (won't you roll away the stone)
Ab          Db                        Ab/C Gb/Bb
Come pm roll, yeah (won't you roll away the stone)
  Ab           Db                  Ab/C Gb/Bb
I want you to roll (won't you roll away the stone)
Ab          Db                       Ab/C Gb/Bb
Come on . . . yeah (won't you roll away the stone)
Ab          Db                 Ab/C Gb/Bb
Come on roll (won't you roll away the stone).
```

Repeat to fade

Run To The Hills

Words & Music by
Steve Harris

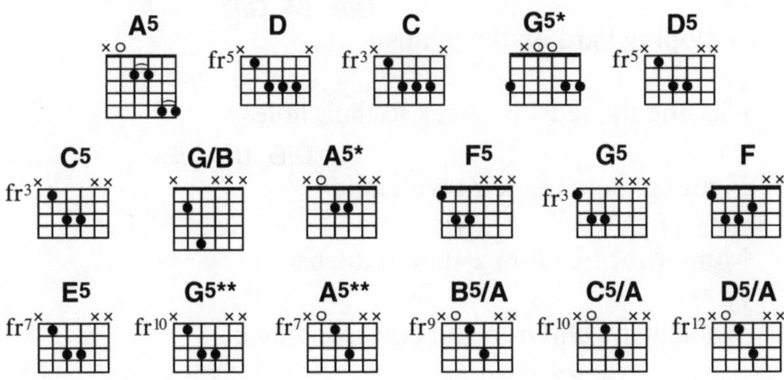

4 bars drum intro

Intro | A5 D | D A5 | C D | G5* A5 |

Verse 1

```
A5              D                     A5
White man came across the sea
    C              D          G5   A5
He brought us pain and misery
                 D                    A5
He killed our tribes he killed our creed
    C           D           G5        A5
He took our game for his own need.
                   D                    A5
We fought him hard we fought him well
    C       D              G5       A5
Out on the plains we gave him hell
                  D                  A5
But many came too much for Cree
    C          D    G5   D
Oh will we ever be set free?
```

| D5 | D5 |

Verse 2

D5
Riding through dustclouds and barren wastes
C5   G/B C5 G/B
Galloping hard on the plains
D5
Chasing the redskins back to their holes
C5   G/B C5 G/B
Fighting them at their own game
A5*   C5
Murder for freedom a stab in the back
F5   D5
Women and children and cowards attack.

Chorus 1

G5   F
Run to the hills
C5   (G/B) G5
Run for your lives.
F
Run to the hills
C5   (G/B) G5
Run for your lives.

Verse 3

D5
Soldier blue on the barren wastes
C5   G/B C5 G/B
Hunting and killing's a game,
D5
Raping the women and wasting the men
C5   G/B C5 G/B
The only good Indians are tame.
A5*   C5
Selling them whisky and taking their gold
F5   D5
Enslaving the young and destroying the old.

Chorus 2

G5   F
Run to the hills
C5   (G/B) G5
Run for your lives.
F5
Run to the hills
C5   (G/B) G5
Run for your lives.

Guitar Solo

x4

‖: E5 | G5** | C5 | C5 :‖

x4

‖: A5** | B5/A | C5/A | D5/A :‖

Chorus 3

```
G5           F
   Run to the hills
C5          (G/B) G5
   Run for your lives.
              F
Run to the hills
C5          (G/B) G5
   Run for your lives.
G5           F
   Run to the hills
C5          (G/B) G5
   Run for your lives.
              F
Run to the hills
C5           G/B  G5
   Run for your lives.
```

School's Out

Words & Music by
Alice Cooper, Michael Bruce, Glen Buxton, Dennis Dunaway & Neal Smith

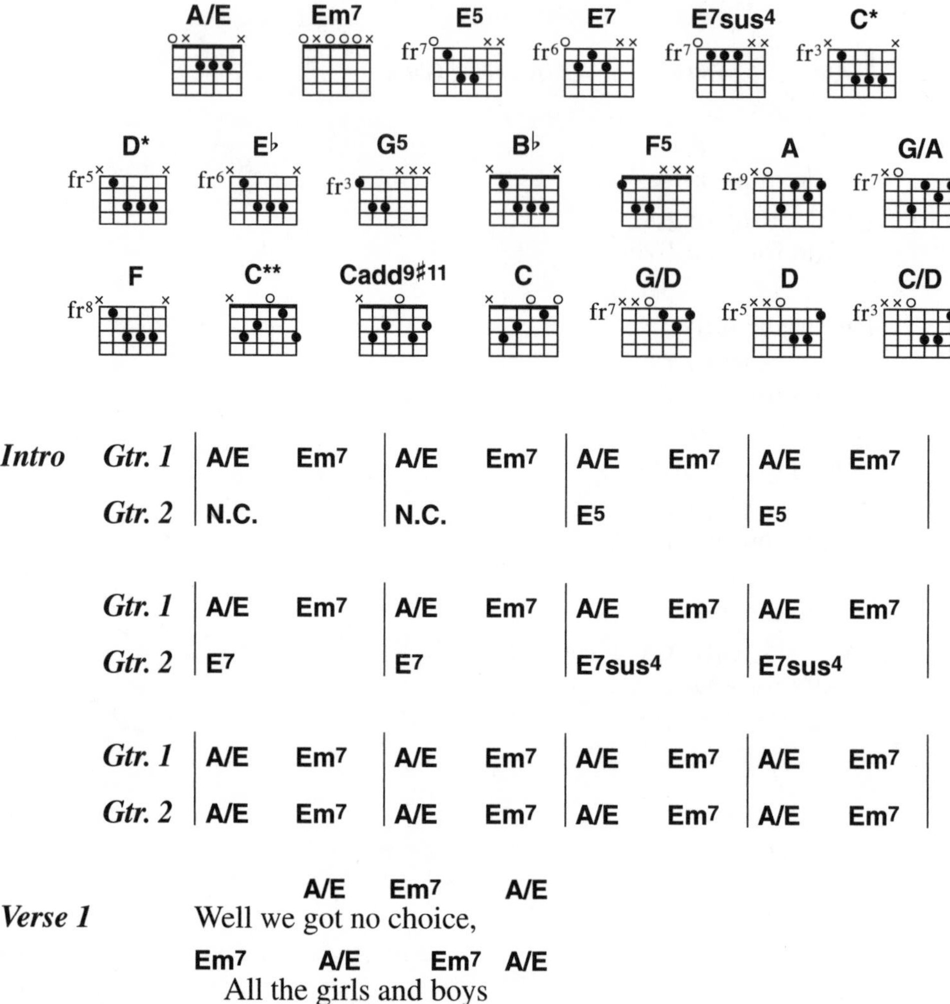

Intro									
	Gtr. 1	A/E	Em7	A/E	Em7	A/E	Em7	A/E	Em7
	Gtr. 2	N.C.		N.C.		E5		E5	
	Gtr. 1	A/E	Em7	A/E	Em7	A/E	Em7	A/E	Em7
	Gtr. 2	E7		E7		E7sus4		E7sus4	
	Gtr. 1	A/E	Em7	A/E	Em7	A/E	Em7	A/E	Em7
	Gtr. 2	A/E	Em7	A/E	Em7	A/E	Em7	A/E	Em7

Verse 1

```
                 A/E    Em7      A/E
Well we got no choice,
Em7         A/E       Em7  A/E
   All the girls and boys
Em7        A/E     Em7   A/E
   Making all that noise
Em7             A/E         Em7   A/E
   'Cause they found new toys.
Em7        C*
   Well we can't salute ya,
                    D*
Can't find a flag,
E♭
If that don't suit ya

That's a drag.
```

Chorus 1

G5　　B♭　C*　F5　G5
School's out for sum - mer.

B♭　C*　F5　G5
School's out for ev - er.

B♭　C*　F5　G5
School's been blown to pie - ces.

| A | G/A | F | F |

C　Cadd9♯11　C　Cadd9♯11　C**　Cadd9♯11　C　Cadd9♯11**
No more　pen - cils,　no　more　bo - oks,

G/D　D　C/D　D　G/D　D　C/D　D
No　more tea - chers dir - ty looks yeah!

Link

x4
|: A/E　Em7 | A/E　Em7 :|

Verse 2

A/E　Em7　A/E
Well we got no class,

Em7　A/E　Em7　A/E
And we got no principles,

Em7　A/E　Em7　A/E
And we got no innocence,

Em7　A/E　Em7　A/E　Em7
We can't even think of a word that rhymes.

Chorus 2

G5　　B♭　C*　F5　G5
School's out for sum - mer.

B♭　C*　F5　G5
School's out for ev - er.

F5　C*
My school's been blown to pie - ces

C　Cadd9♯11　C　Cadd9♯11　C**　Cadd9♯11　C　Cadd9♯11**
No more　pen - cils,　no　more　bo - oks,

G/D　D　C/D　D　G/D　D　C/D　D
No　more tea - chers dir - ty looks! ____

C　Cadd9♯11　C　Cadd9♯11　C**　Cadd9♯11　C　Cadd9♯11**
Out for　sum - mer,　out　till　fall, ________

G/D　D　C/D　D　G/D　D　C/D　D
We　might　not　go　back　at　all. ____

G5　　B♭　C*　F5　G5
School's out for ev - er.

B♭　C*　F5　G5
School's out for sum - mer.

B♭　C*　F5　G5
School's out with fev - er.

F5　C*
School's out com - plete - ly.

September Gurls

Words & Music by
Alex Chilton

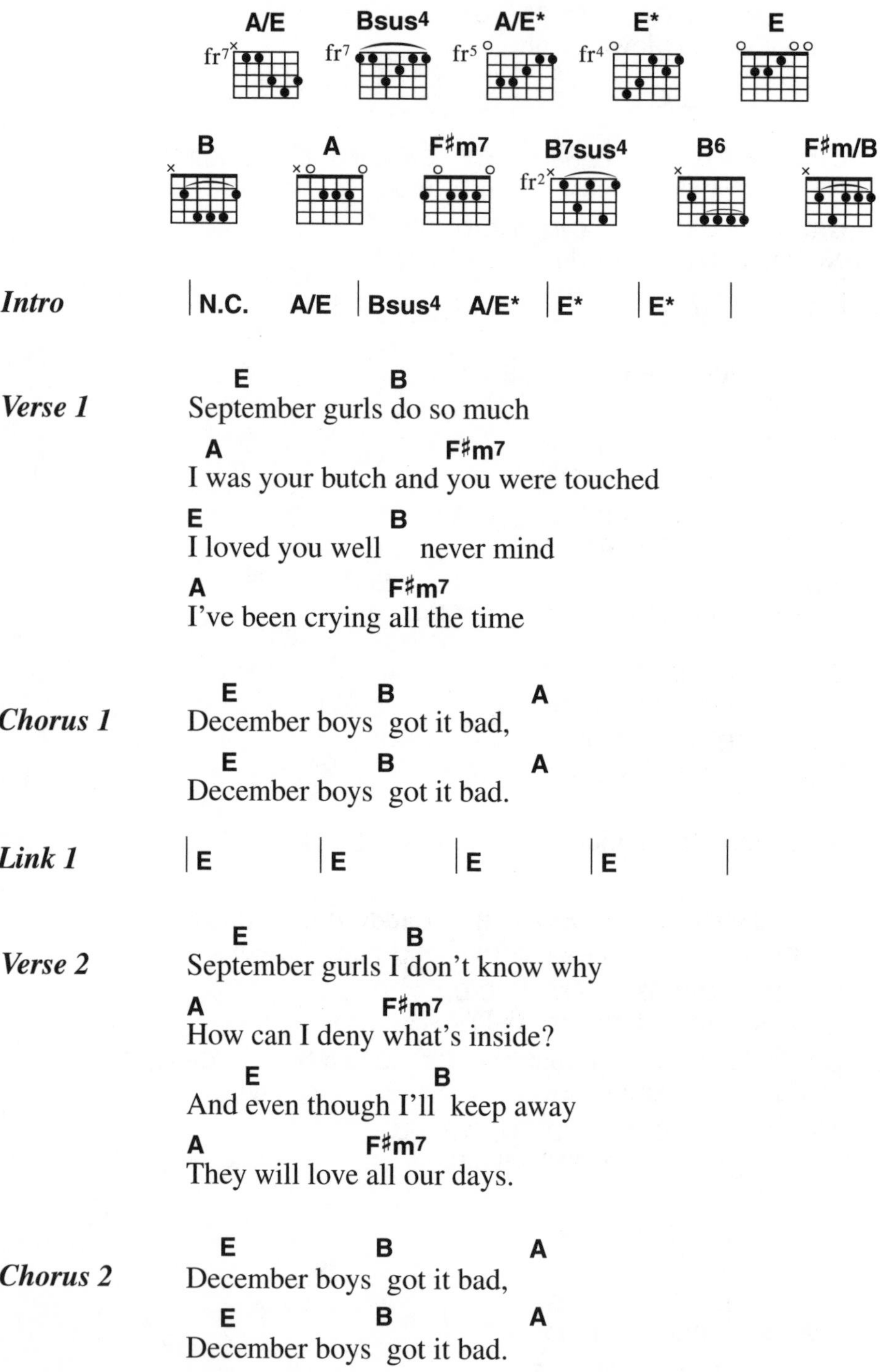

A/E
fr7
Bsus4
fr7
A/E*
fr5
E*
fr4
E
B
A
F♯m7
B7sus4
fr2
B6
F♯m/B
Intro
| N.C. A/E | Bsus4 A/E* | E* | E* |
Verse 1
E B
September gurls do so much
A F♯m7
I was your butch and you were touched
E B
I loved you well never mind
A F♯m7
I've been crying all the time
Chorus 1
E B A
December boys got it bad,
E B A
December boys got it bad.
Link 1
| E | E | E | E |
Verse 2
E B
September gurls I don't know why
A F♯m7
How can I deny what's inside?
E B
And even though I'll keep away
A F♯m7
They will love all our days.
Chorus 2
E B A
December boys got it bad,
E B A
December boys got it bad.

```
Link 2        | E        | E        |

                   B        B7sus4
Bridge        When I get to bed
              B        B7sus4
              Late at night
              B6       B7sus4
              That's the time
                   B6               F♯m/B
              She makes things right
              B6          F♯m/B     B6      F♯m/B     F♯m7
              Ooh when she makes love to me,          ooh.

Guitar Solo   | E      | B  A   | E  B   | A      | E  B   | A      |

                                  drum fill
              | E  B   | A (N.C.)| N.C.   | E      | E      |

                  E                B
Verse 3       September gurls do so much
                A                F♯m7
              I was your butch and you were touched
              E                  B
              I loved you well    never mind
              A                F♯m7
              I've been crying all the time

                  E              B           A
Chorus 3      December boys    got it bad,
                  E              B           A
              December boys    got it bad,
                  E              B           A
              December boys    got it bad.

                                                         x2
Outro         ||: E  B  | A       | E  B   | A       :||

              | E  B    | A       | E       ||
```

The Seeker

Words & Music by
Pete Townshend

A Dsus4 D Csus4 C G E

Intro | A Dsus4 D | A Dsus4 D | Csus4 C | G ||
| A Dsus4 D | A Dsus4 D ||

Verse 1
```
A                        Dsus4  D
I've looked under chairs,
A                        Dsus4  D
I've looked under tables.
    A                   Dsus4  D
I've tried to find the key
   A
To fifty million fables.
```

Chorus 1
```
     C          D        Csus4  C
They call me the Seeker,
D                            A        Dsus4  D | A      |
I've been searching low and high. __________
Csus4  C
       I won't get to get what I'm after
G                 A     Dsus4  D | A    Dsus4  D ||
Till the day I die.
```

Verse 2
```
A                     Dsus4  D
I asked Bobby Dylan,
A                 Dsus4  D
I asked the Beatles,
    A                  Dsus4  D
I asked Timothy Leary,
       A
But he couldn't help me either.
```

Chorus 2 As Chorus 1

Bridge 1

```
D                      Dsus4
People tend to hate me
D                    Dsus4
'Cause I never smile.
    A
As I ransack their homes

They want to shake my hand.
D                     Dsus4
Focusing on nowhere,
D                   Dsus4
Investigating miles,
     E
I'm a Seeker,

I'm a really desperate man.
```

Solo

```
| A    | A    | A    | A    |
| D    | D    | A    | A    ||
```

Chorus 3

```
Csus4  C
       I won't get to get what I'm after
G                 A   Dsus4 D | A   Dsus4 D ||
Till the day I die.
```

Bridge 2

```
D                              Dsus4  D    Dsus4
I've learned how to raise my voice in anger.
          A
Yeah, but look at my face

Ain't this a smile?
  D                   Dsus4
I'm happy when life's good
   D              Dsus4
And when it's bad I cry.
       E
I've got values but I don't know how or why.
```

```
          A                          Dsus4  D
Verse 3   I'm looking for me,

          A                              Dsus4  D
          You're looking for you,

                  A
          We're looking at each other

          Dsus4  D   A
          And      we don't know what to do.


                  C             D           Csus4  C
Chorus 4  They call me the Seeker,

          D                                A         Dsus4  D | A        |
          I've been searching low and high. ___________

          Csus4  C
                 I won't get to get what I'm after

          G                    A      Dsus4  D | A      Dsus4  D ||
          Till the day I die.

          Csus4  C
                 I won't get to get what I'm after

          G                A      Dsus4  D | Csus4  C    G | A         ||
          Till the day I die.
```

Silver Machine

Words & Music by
Bob Calvert & David Brock

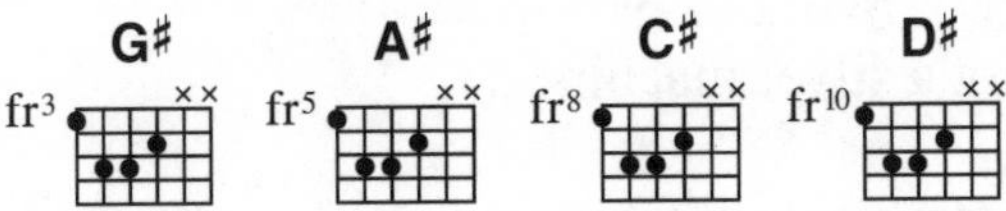

Tune guitar slightly flat

fade in

Intro | G♯ | G♯ | G♯ | G♯ | G♯ | G♯ | G♯ | G♯ |

| A♯ | A♯ | C♯ | C♯ | D♯ | D♯ |

Verse 1

```
G♯              A♯
I, I just took a ride
                C♯
In a silver machine
                       D♯
And I'm still feeling mean.

                G♯
Do you wanna ride?
                  A♯
See yourself going by
                      C♯
The other side of the sky,
                 D♯
I got a silver machine.

 G♯
It flies,
                   A♯
Sideways through time
                C♯
It's an electric line
                 D♯    C♯   D♯   C♯
To your Zodiac sign.
```

```
              D♯      C♯   D♯       C♯
Chorus 1        I've got a silver machine
              D♯      C♯   D♯       C♯
                I've got a silver machine
              D♯      C♯   D♯       C♯
                I've got a silver machine
              D♯     C♯ D♯        C♯
                (In my silver machine)
              D♯       C♯    D♯      C♯
                (I've got a silver machine) . . .


                                     x12
Instrumental  ‖: D♯   C♯ | D♯   C♯ :‖

              | G♯  | G♯  | A♯  | A♯  | C♯  | C♯  | D♯  | D♯  |


                 G♯              A♯
Verse 2       It flies out of a dream,
                                  C♯
              It's antiseptically clean
                                            D♯
              You're gonna know where I've been.

                        G♯
              Do you wanna ride?
                                     A♯
              See yourself going by
                                       C♯
              The other side of the sky
                                  D♯
              I got a silver machine.

              G♯                   A♯
              I, said I just took a ride
                              C♯
              In a silver machine.
                                       D♯
              And I'm still feeling mean.
```

cont.

```
G♯
It flies
                        A♯
Sideways through time
                    C♯
It's an electric line
                    D♯   C♯   D♯   C♯
To your Zodiac sign.
```

Chorus 2

```
D♯   C♯   D♯      C♯
  I've got a silver machine
D♯   C♯   D♯      C♯
  I've got a silver machine
D♯   C♯   D♯      C♯
  I've got a silver machine . . . etc.
```

Outro

```
||: D♯   C♯ | D♯   C♯ :||
```

Repeat to fade

Sister Ray

Words & Music by
Lou Reed, John Cale, Sterling Morrison & Maureen Tucker

A G/A D/A A5 A5(♯4)

Tune guitar down one tone

⑥ = D ③ = F
⑤ = G ② = A
④ = C ① = D

Intro |: A | A G/A D/A :| x4

Verse 1

A G/A D/A
Duck and Sally inside;
A G/A D/A
They're cooking for the down five
A G/A D/A
Who's staring at Miss Rayon
A G/A D/A
Who's busy licking up her pig pen
A G/A D/A
I'm searching for my mainline
A G/A D/A
I said I couldn't hit it sideways,
A G/A D/A
I said I couldn't hit it sideways,
A
Oh, just like Sister Ray said
D/A
Whip it on.

Instrumental | A | A G/A D/A :||: A | A D/A :| x2 |: A | A G/A D/A :| x2

Verse 2

A G/A D/A
Rosie and Miss Rayon
A G/A D/A
They're busy waiting for her booster
A G/A D/A
Who just got back from Carolina

cont.

```
A                                          D/A
  She said she didn't like the weather
A                                          D/A
  They're busy waiting for her sailor
A                                                D/A
  Who's drinking dressed in pink and leather
A                                   D/A
  He's just here from Alabama
A                                              D/A
  He wants to know a way to earn a dollar.
A                                    D/A
  I'm searching for my mainer
A                                         G/A   D/A
  And I said I couldn't hit it sideways,
A                                D/A
  I couldn't hit it sideways,
A                                D/A
  I couldn't hit it sideways,
A                                  D/A
  Oh, just like Sister Ray said
```

Play it on.

```
                                      x16
Instrumental  ||: A          | A     D/A   :||
```

Verse 3

```
A                               D/A
  Cecil's got his new piece
A                                                    D/A
  He cocks and shoots it between three and four,
A                             D/A
  He aims it at the sailor
A                                        D/A
  Shoots him down dead on the floor.
A                               D/A
  Oh, you shouldn't do that
A                                             D/A
  Don't you know you'll stain the carpet,
A                                                 D/A
  Now don't you know you'll stain the carpet,
A                                             D/A
  And by the way, have you got a dollar?
A                                             D/A
  Oh no man, I haven't got the time-time
A                                             D/A
  Too busy sucking on a ding-dong.
```

cont.

A D/A
She's busy sucking on my ding-dong,
A D/A
Oh, she does just like Sister Ray said.
A D/A
I'm searching for my mainline
A D/A
I said I cou-cou-couldn't hit it sideways,
A D/A
I said I cou-cou-cou-cou-cou-cou-cou-couldn't hit it sideways,
A
Oh, do it, do it,
D/A
Oh, just-just-just-just-just, just like Sister Ray said, come on . . .

Instrumental

𝄆 A | A D/A 𝄇 *x20*

𝄆 A | A 𝄇 *x24* *(chords turn gradually to noise)*

Verse 4

A (D/A)
Now, who is that knocking
A (D/A)
Who's that knocking at my chamber door?
A (D/A)
Now could it be the police?
A (D/A)
They come and take me for a ride-ride
A (D/A)
Oh, but I haven't got the time-time.
A (D/A)
Hey-hey-hey, she's busy sucking on my ding-dong
A (D/A)
She's busy sucking on my ding-dong
A (D/A)
Oh, now do it just like Sister Ray said
A (D/A)
I'm searching for my mainline
A (D/A)
I couldn't hit it sideways,
A (D/A)
I couldn't hit it sideways
A
Oh now just like,

cont. Oh just like

Oh just like

Oh just like

Oh just like

Oh just like.

x50

Instrumental 𝄆 A | A5 𝄇 *(chords turn gradually to noise)*

A5(♯4)

Verse 5 Duck and Sally inside, now move it along!

Cooking for the down five

Who's staring at Miss Rayon

Do it, do it, do it, do it, do it, do it, hey

Licking up her pig pen

I'm just se-se-se-searching for my mainline

I couldn't hit it sideways

A5

Just like, oh

Just like, do it, do it, do it

Just like

Just like, hey

Just like.

x50

Instrumental 𝄆 A5 𝄇

Verse 6

A5
Now Rosie and Miss Rayon

They're busy waiting for her booster

She's just back from Carolina,

She said she's bound beat a sailor.

I said she haven't got the time-time

You busy sucking on my ding-dong,

You busy sucking on my ding-dong

Now just like Sister Ray said.

I'm searching for my mainline

I said that couldn't hit it sideways

Whip it on me Jim,

Whip it on me Jim,

Whip it on me Jim,

Whip it on me Jim,

Said I couldn't hit it sideways, oh do it

Now just like, just like Sister Ray said.

I said now Cecil's got his new piece

He cocks and shoot's it bang between three and four.

He aims it at the sailor,

He shoots him down dead on the floor.

Oh, you shouldn't do that

Don't you know you'll rip the carpet

Don't you know you'll mess the carpet.

Instrumental ‖: A5 :‖ *x10*

Verse 7

A5
Oh, she hasn't got the time-time.

Busy sucking on his ding-dong,

She's busy sucking on his ding-dong,

Now just like Sister Ray said.

I'm searching for my mainline

Couldn't hit it sideways,

Couldn't hit it sideways.

Now just like,

Now just like,

Now just like yeah, Sister Ray said, hey, do it, do it.

Instrumental ‖: A5 :‖ *x108*

Verse 8

A5
Duck and Sally inside;

They're busy cooking for the down five, ah

Who's staring at Miss Rayon

Who's busy licking up her pig pen.

A
I'm busy searching for my mainline

I said I couldn't hit it sideways,

I said I couldn't hit it sideways,

Now just like,

Now just like I said, oh, oh, just like

Am-phe-phe-phe-phe-phe-phe-phe-phe-phe-phetamine.

Outro ‖: A | A :‖ *x10* A (fermata) ‖

Smoke On The Water

Words & Music by
Ian Gillan, Ritchie Blackmore, Jon Lord, Roger Glover & Ian Paice

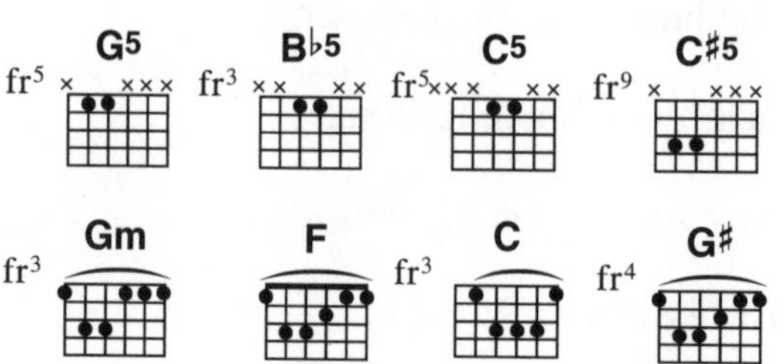

Intro 𝄆 G5 B♭5 C G5 | B♭5 C♯5 C5 | G5 B♭5 C5 B♭5 | G5 𝄇 *x8*

Verse 1

Gm F Gm
We all came down to Montreaux, on the lake Geneva shoreline
F Gm
To make records with a mobile, we didn't have much time.
F Gm
Frank Zappa and the Mothers were at the best place around
F Gm
Some stupid with a flare gun, burned the place to the ground.

Chorus 1

C G♯ Gm
Smoke, on the water, fire in the sky.
C G♯
Smoke, on the water.

Link 1 𝄆 G5 B♭5 C G5 | B♭5 C♯5 C5 | G5 B♭5 C5 B♭5 | G5 𝄇 *x2*

Verse 2

Gm F Gm
They burned down the gamblin' house, it died with an awful sound.
F Gm
The funky claude was runnin' in and out, pullin' kids out the ground.
F Gm
When it was all over, we had to find another place,
F Gm
Swiss time was running out, it seemed that we would lose the race.

Chorus 2 As Chorus 1

Instrumental

|: G5 B♭5 C G5 | B♭5 C♯5 C5 | G5 B♭5 C5 B♭5 | G5 :| *x2*

|: Gm | Gm | C | Gm | Gm | Gm | C | Gm :|

| C | C | F | F |

|: G5 B♭5 C G5 | B♭5 C♯5 C5 | G5 B♭5 C5 B♭5 | G5 :| *x2*

```
        Gm                                      F     Gm
Verse 3   We ended up at the Grand Hotel, it was empty, cold and damp.

        But with the rolling truck Stones thing just outside,
        F            Gm
          Making our music there with a few red lights, a few old beds,
                F        Gm
        We made a place to sweat,
                                                 F              Gm
        No matter what we get out of this, I know,   I know we'll never forget.
```

```
         C           G♯     Gm
Chorus 3 Smoke, on the water, fire in the sky.
         C           G♯
         Smoke, on the water.
```

Outro

|: G5 B♭5 C G5 | B♭5 C♯5 C5 | G5 B♭5 C5 B♭5 | G5 :|

Repeat to fade

Since You've Been Gone

Words & Music by
Russ Ballard

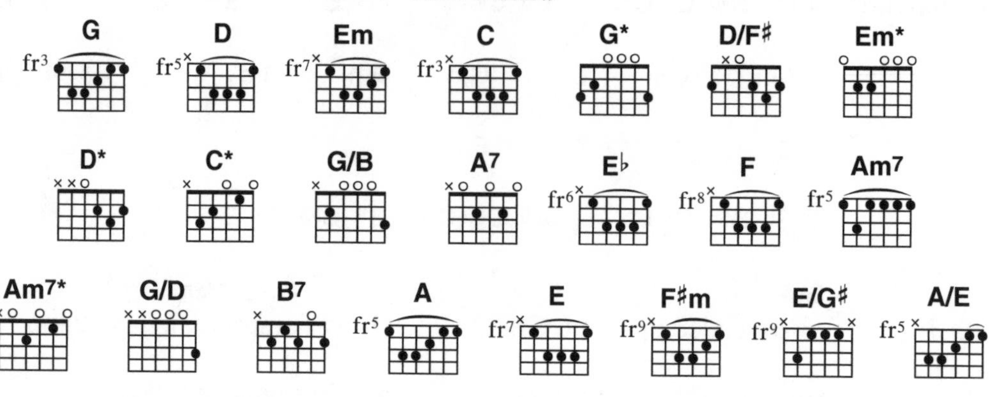

Intro

| G D | Em C | G D Em | C D |
| G D | Em C | G D Em | C D | D |

Verse 1

```
G*                D/F♯
   I get the same old dreams,
Em*             D*
   Same time every night
C*                 G/B           A7        D*
   Fall to the ground and I wake up,
G*             D/F♯
   So I get out of bed,
     Em*                    D*
Put on my shoes and in my head,
C*                       G/B         A7          D*
   Thoughts right back to the break-up.
```

Pre-chorus 1

```
E♭                          F
These four walls are closing in
E♭                            Am7   D
   Look at the fix you've put me in.
```

Chorus 1

```
G                               D
Since you've been gone,
Em                              C
Since you've been gone,
      G                 D        Em  C    D
I'm out of my head can't take it.
```

cont.

```
G                    D
Could I be wrong,
    Em                          C
But since you've been gone
G                  D  Em   C    D
You cast a spell, so break it.
G          D  Em      C  G        D   Em
Woah-oh,    woah-oh,    woah-oh
C                 D
   Since you've been gone.
```

Verse 2

```
G*             D/F♯
   So in the night I stand
Em*              D*
   Beneath the back street light
C*            G/B              A7      D*
   I read the words that you sent to me.
G*                 D/F♯
   I can take the afternoon
    Em*                 D*
But night-time comes around too soon
C*            G/B               A7          D*
   You can't know what you mean to me.
```

Pre-chorus 2

```
E♭                      F
Your poison letter, your telegram
E♭                                      Am7  D
   Just goes to show you don't give a damn.
```

Chorus 2

```
G                         D
Since you've been gone,
Em                        C
Since you've been gone,
    G                D     Em  C   D
I'm out of my head can't take it.
G                    D
Could I be wrong,
    Em                          C
But since you've been gone,
G                  D  Em   C    D
You cast a spell, so break it.
G          D  Em      C  G        D   Em
Woah-oh,    woah-oh,    woah-oh
C                 D
   Since you've been gone.
```

Instrumental | G* Am7* | G/B C* | G/D B7 | Em* G/D | C* Am7* D* |

Bridge

G* Am7* G/B
If you will come back

C* G/D B7 Em* G/D C* Am7*
Baby, you know you'll never do wrong ______________

| D |

Chorus 3

A E
Since you've been gone,

F♯m D
Since you've been gone,

A E F♯m D E
I'm out of my head can't take it.

A E
Could I be wrong,

F♯m D
But since you've been gone,

A E F♯m D E
You cast a spell, so break it.

A E/G♯ F♯m F A/E E F♯m F
Woah-oh, oh - oh, oh - oh, oh - oh,

A/E E A
Ever since you've been gone.

Instrumental |: A E | F♯m D | A E F♯m | D E :|

Outro chorus

A E
Since you've been gone,

F♯m D
Since you've been gone,

A E F♯m D E
I'm out of my head can't take it . . .

Repeat to fade

Stone Free

Words & Music by
Jimi Hendrix

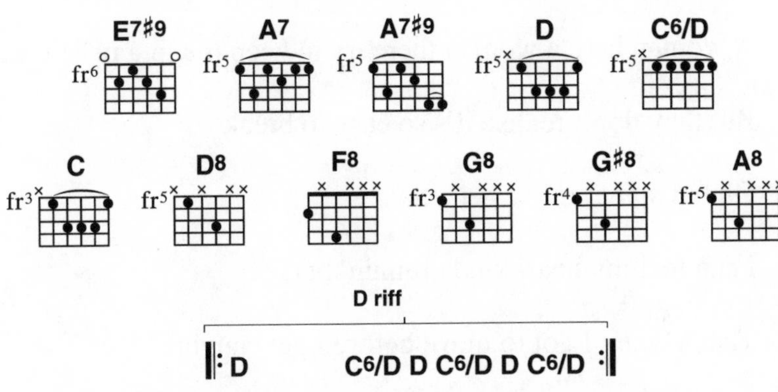

Where marked this D riff is repeated as necessary

Intro | E7♯9 | E7♯9 | E7♯9 | E7♯9 |

Verse 1

E7♯9
Every day in the week I'm in a different city

If I stay too long people try to pull me down.

A7
They talk about me like a dog

Talkin' about the clothes I wear,

E7♯9
But they don't realise they're the ones who's square.

Pre-chorus 1

A7
Hey! And that's why

You can't hold me down

A7♯9
I don't wanna be down, I got to move on, Hey!

Chorus 1

D riff
Stone free, do what I please,

Stone free, to ride the breeze,

Stone free, I can't stay

C A7 C A7
I got to, got to, got to get away, yeah alright.

Verse 2

E7#9
Listen to this baby

A woman here a woman there try to keep me in a plastic cage,

But they don't realise it's so easy to break.

A7
Oh but sometimes I get a ha

I can feel my heart kinda runnin' hot,

E7#9
That's when I got to move before I get caught.

Pre-chorus 2

A7
And that's why, listen to me baby,

You can't hold me down

A7#9
I don't wanna be tied down, I gotta be free, owh!

Chorus 2

D riff
I said stone free, do what I please,

Stone free, to ride the breeze,

Stone free, I can't stay

C A7 C A7
I got to, got to, got to get away, yeah, ow!

Tear me loose baby.

Guitar Solo

A7	A7	A7	A7
A7	A7	A7	A7
A7	A7	A7	A7
A7	A7	A7#9	A7#9

Outro chorus Yeah!

D riff
Stone free, to ride on the breeze

D8 F♯8 G8 G♯8 A8
Stone free, do what I please

D riff
Stone free, I can't stay

D8 F♯8 G8 G♯8 A8
Stone free, I got to, got to get away

D riff
Stone free, baby right now

D8 F♯8 G8 G♯8 A8
Stone free, don't try to hold me back

D riff
Stone free, go on down the highway

D8 F♯8 G8 G♯8 A8
Stone free, . . .

D riff
Stone free, oh yeah, bye bye baby

F5
Stone free, ow!

Summer Of '69

Words & Music by
Bryan Adams & Jim Vallance

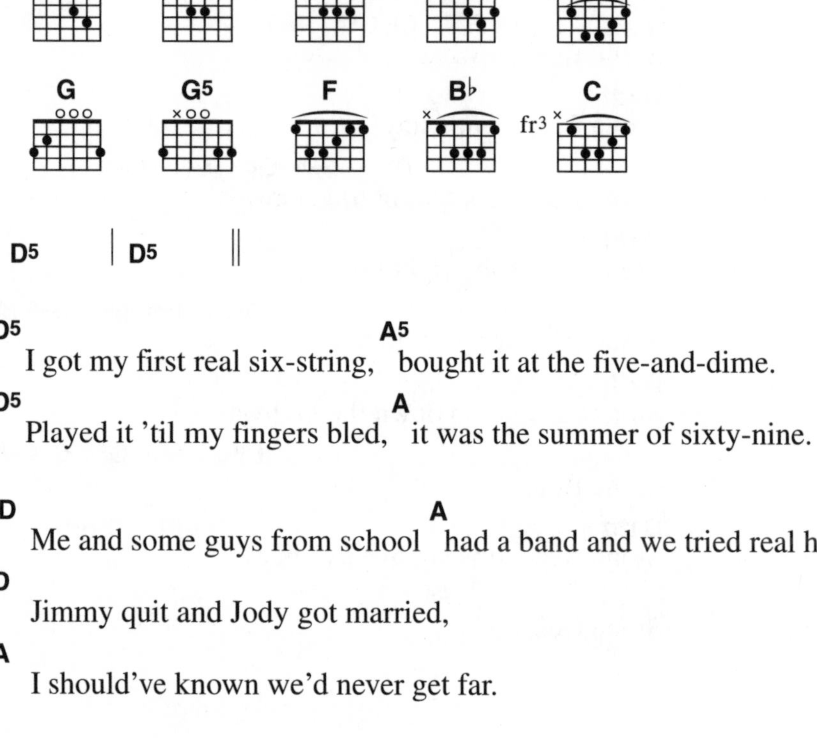

Intro | D5 | D5 ||

Verse 1

D5 A5
I got my first real six-string, bought it at the five-and-dime.
D5 A
Played it 'til my fingers bled, it was the summer of sixty-nine.

Verse 2

D A
Me and some guys from school had a band and we tried real hard.
D
Jimmy quit and Jody got married,
A
I should've known we'd never get far.

Chorus 1

Bm A
Oh, when I look back now,
D G
That summer seemed to last forever,
Bm A
And if I had the choice
D G
Yeah, I'd always wanna be there.
Bm A D(riff) A
Those were the best days of my life.

Verse 3

D A
Ain't no use in complainin' when you got a job to do.
D
Spent my evenings down at the drive-in,
A
And that's when I met you, yeah!

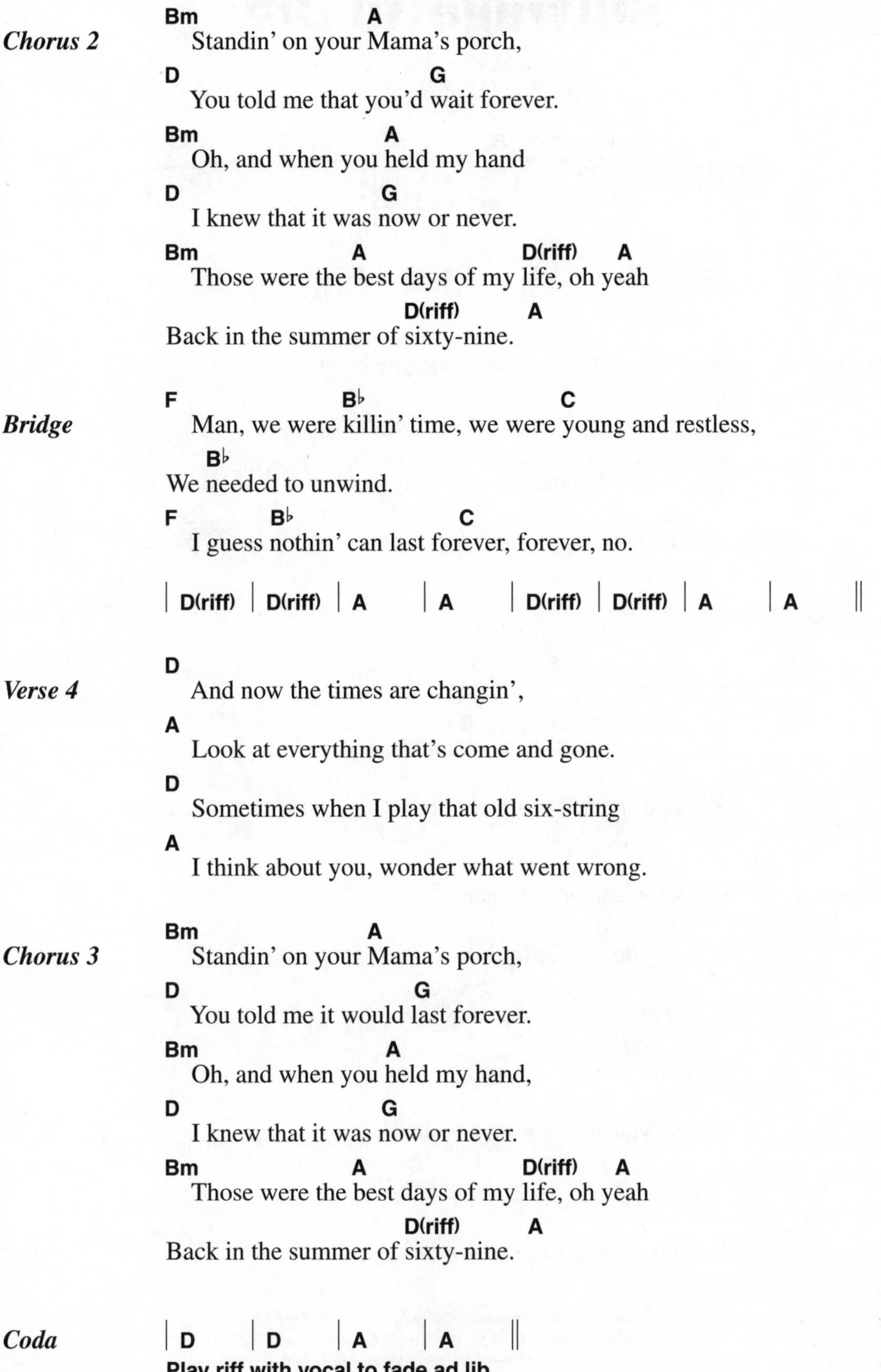

Chorus 2

Bm A
Standin' on your Mama's porch,
D G
You told me that you'd wait forever.
Bm A
Oh, and when you held my hand
D G
I knew that it was now or never.
Bm A D(riff) A
Those were the best days of my life, oh yeah
D(riff) A
Back in the summer of sixty-nine.

Bridge

F B♭ C
Man, we were killin' time, we were young and restless,
B♭
We needed to unwind.
F B♭ C
I guess nothin' can last forever, forever, no.

| D(riff) | D(riff) | A | A | D(riff) | D(riff) | A | A ||

Verse 4

D
And now the times are changin',
A
Look at everything that's come and gone.
D
Sometimes when I play that old six-string
A
I think about you, wonder what went wrong.

Chorus 3

Bm A
Standin' on your Mama's porch,
D G
You told me it would last forever.
Bm A
Oh, and when you held my hand,
D G
I knew that it was now or never.
Bm A D(riff) A
Those were the best days of my life, oh yeah
D(riff) A
Back in the summer of sixty-nine.

Coda

| D | D | A | A ||

Play riff with vocal to fade ad lib.

Suffragette City

Words & Music by
David Bowie

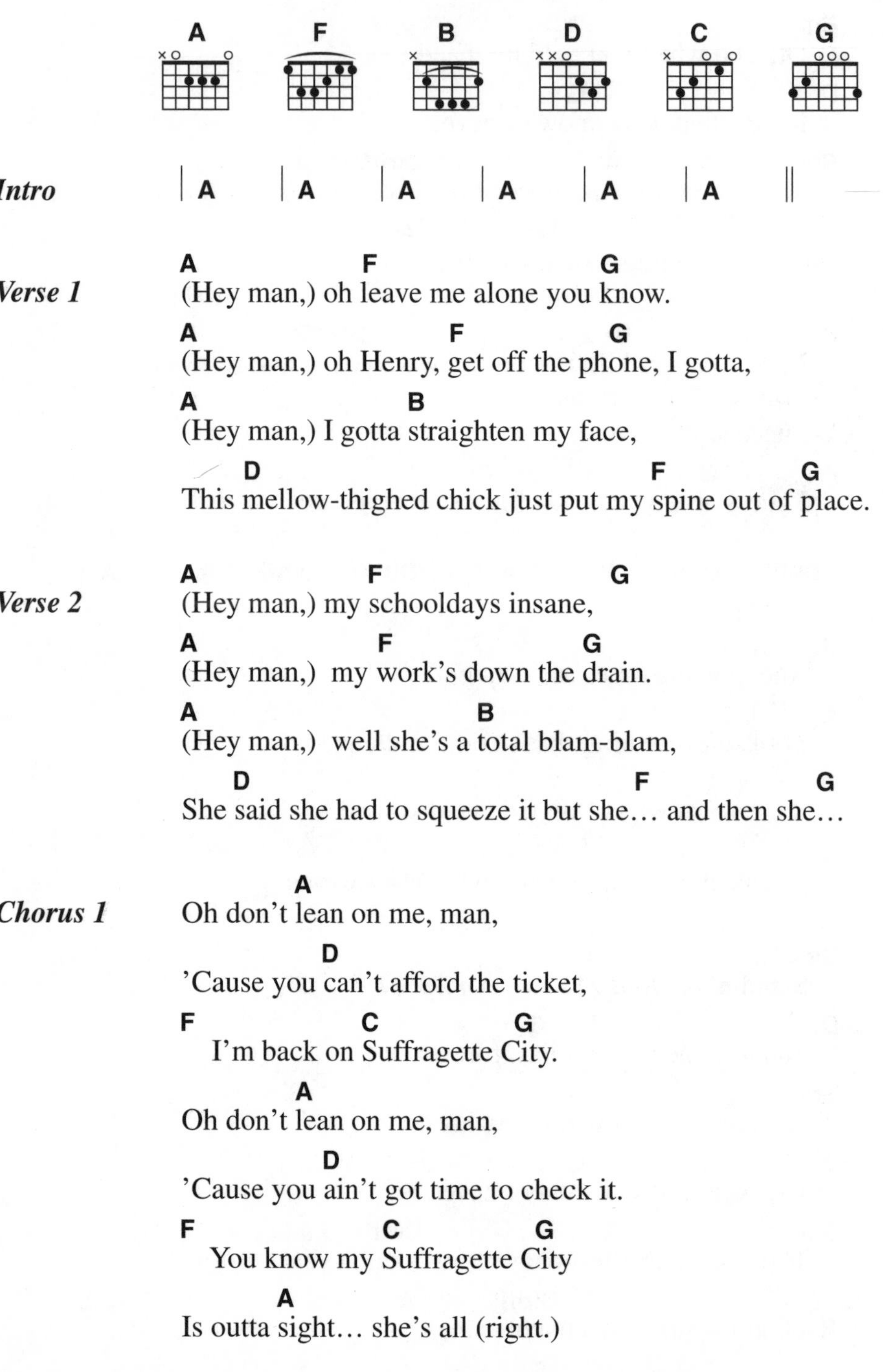

Intro | A | A | A | A | A | A ||

Verse 1

A F G
(Hey man,) oh leave me alone you know.
A F G
(Hey man,) oh Henry, get off the phone, I gotta,
A B
(Hey man,) I gotta straighten my face,
D F G
This mellow-thighed chick just put my spine out of place.

Verse 2

A F G
(Hey man,) my schooldays insane,
A F G
(Hey man,) my work's down the drain.
A B
(Hey man,) well she's a total blam-blam,
D F G
She said she had to squeeze it but she… and then she…

Chorus 1

A
Oh don't lean on me, man,
D
'Cause you can't afford the ticket,
F C G
I'm back on Suffragette City.
A
Oh don't lean on me, man,
D
'Cause you ain't got time to check it.
F C G
You know my Suffragette City
A
Is outta sight… she's all (right.)

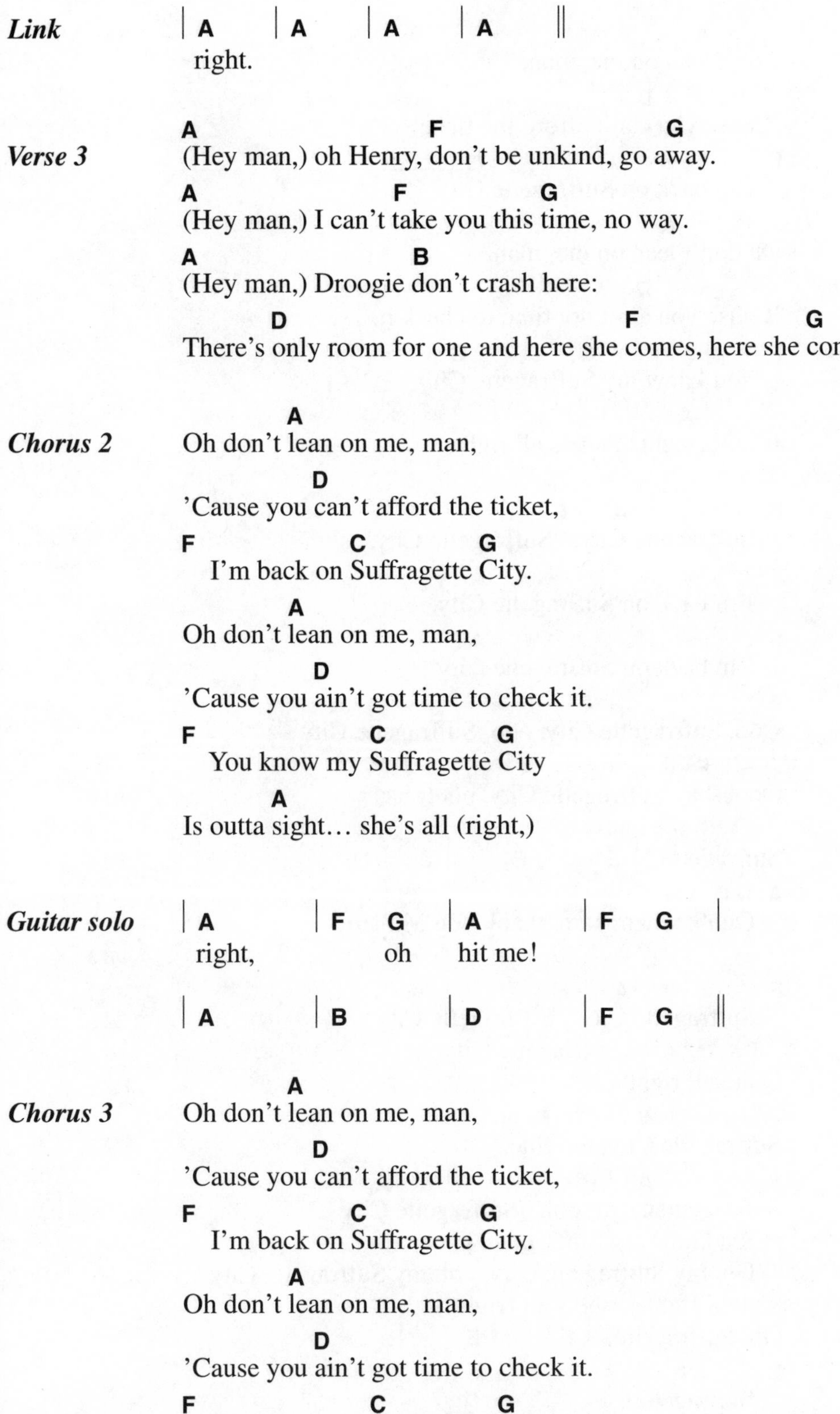

Link | A | A | A | A ||
right.

Verse 3
A F G
(Hey man,) oh Henry, don't be unkind, go away.
A F G
(Hey man,) I can't take you this time, no way.
A B
(Hey man,) Droogie don't crash here:
D F G
There's only room for one and here she comes, here she comes.

Chorus 2
A
Oh don't lean on me, man,
D
'Cause you can't afford the ticket,
F C G
I'm back on Suffragette City.
A
Oh don't lean on me, man,
D
'Cause you ain't got time to check it.
F C G
You know my Suffragette City
A
Is outta sight… she's all (right,)

Guitar solo | A | F G | A | F G |
right, oh hit me!

| A | B | D | F G ||

Chorus 3
A
Oh don't lean on me, man,
D
'Cause you can't afford the ticket,
F C G
I'm back on Suffragette City.
A
Oh don't lean on me, man,
D
'Cause you ain't got time to check it.
F C G
You know my Suffragette City.

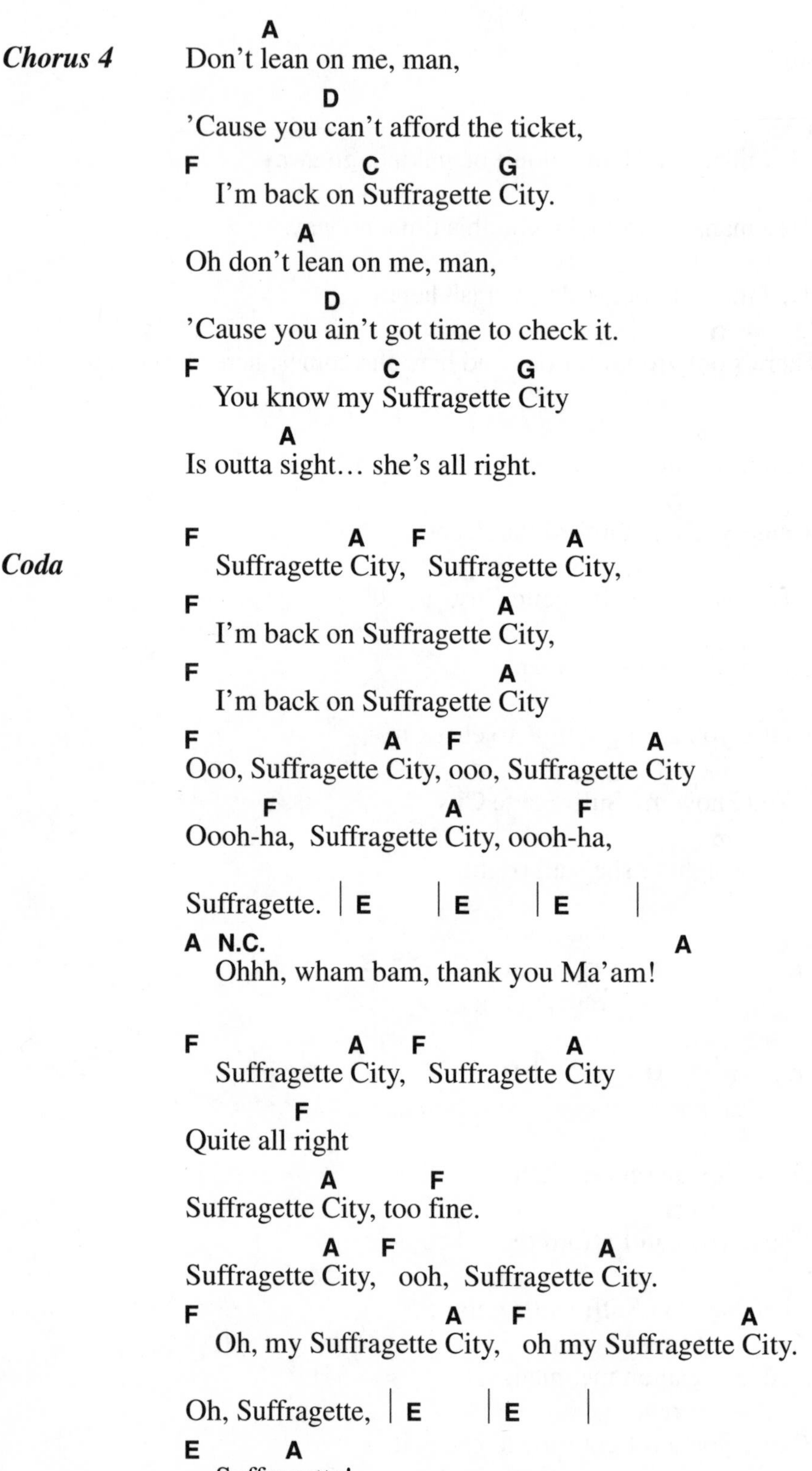

```
                   A
Chorus 4    Don't lean on me, man,
                      D
            'Cause you can't afford the ticket,
            F           C          G
               I'm back on Suffragette City.
                      A
            Oh don't lean on me, man,
                      D
            'Cause you ain't got time to check it.
            F             C          G
               You know my Suffragette City
                    A
            Is outta sight... she's all right.

            F             A    F             A
Coda           Suffragette City,  Suffragette City,
            F                          A
               I'm back on Suffragette City,
            F                          A
               I'm back on Suffragette City
            F                A     F                A
            Ooo, Suffragette City, ooo, Suffragette City
                  F                A      F
            Oooh-ha,  Suffragette City, oooh-ha,

            Suffragette. | E     | E     | E     |
            A  N.C.                                A
               Ohhh, wham bam, thank you Ma'am!

            F             A    F             A
               Suffragette City,  Suffragette City
                    F
            Quite all right
                          A       F
            Suffragette City, too fine.
                          A    F            A
            Suffragette City,  ooh,  Suffragette City.
            F                   A     F                  A
               Oh, my Suffragette City,  oh my Suffragette City.

            Oh, Suffragette, | E     | E     |
            E       A
               Suffragette!
```

Sweet Home Alabama

Words & Music by
Ronnie Van Zant, Ed King & Gary Rossington

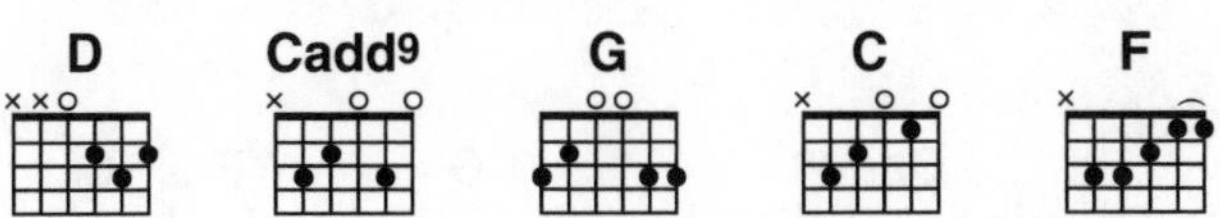

Tune guitar slightly flat

Intro

x4
𝄆 D Cadd9 | G 𝄇

Verse 1

```
D      Cadd9          G
   Big wheels keep on turning
D            Cadd9        G
   Carry me home to see my kin
D          Cadd9          G
   Singing songs about the Southland
D            Cadd9      G
   I miss Alabama once again

And I think its a sin, yes.
```

Link

x2
𝄆 D C | G 𝄇

Verse 2

```
D                          Cadd9      G
   Well I heard mister Young sing about her,
D                     Cadd9      G
   Well, I heard ole Neil put her down
D                      Cadd9        G
   Well, I hope Neil Young will remember
D               Cadd9               G
   A Southern man don't need him around anyhow.
```

Chorus 1

```
D        C        G        C
   Sweet home Alabama
D            C           G        C
   Where the skies are so blue,
D        C        G        C
   Sweet Home Alabama
D            C              G      F      C
   Lord, I'm coming home to you.
```

x2

Instrumental 𝄆 D C | G 𝄇

Verse 3

D Cadd9 G F C
In Birmingham they love the gov'nor, (ooh, ooh, ooh)
D Cadd9 G
Now we all did what we could do
D Cadd9 G
Now Watergate does not bother me
D Cadd9 G
Does your conscience bother you?

Tell the truth.

Chorus 2

D C G C
Sweet home Alabama
D C G C
Where the skies are so blue
D C G C
Sweet Home Alabama
D C G
Lord, I'm coming home to you

Here I come, Alabama.

x10

Instrumental 𝄆 D C | G 𝄇

Verse 4

D Cadd9 G
Now Muscle Shoals has got the Swampers
D Cadd9 G
And they've been known to pick a song or two (yes they do),
D Cadd9 G
Lord they get me off so much
D Cadd9 G
They pick me up when I'm feeling blue

Now how about you?

```
             D       C       G       C
Chorus 3       Sweet home Alabama
             D          C          G        C
               Where the skies are so blue
             D       C       G       C
               Sweet Home Alabama
             D          C                G      F      C
               Lord, I'm coming home to you.

             D       C       G                           C
Chorus 4       Sweet home Alabama (oh sweet home baby)
             D          C          G                           C
               Where the skies are so blue (and the guv'nor's true)
             D       C        G           C
               Sweet Home Alabama (Lordy)
             D          C                G
               Lord, I'm coming home to you.

Outro        ||: D   C  | G    :||     Repeat to fade

               Yeah, yeah Montgomery's got the answer.
```

Tales Of Brave Ulysees

Words & Music by
Eric Clapton & Martin Sharp

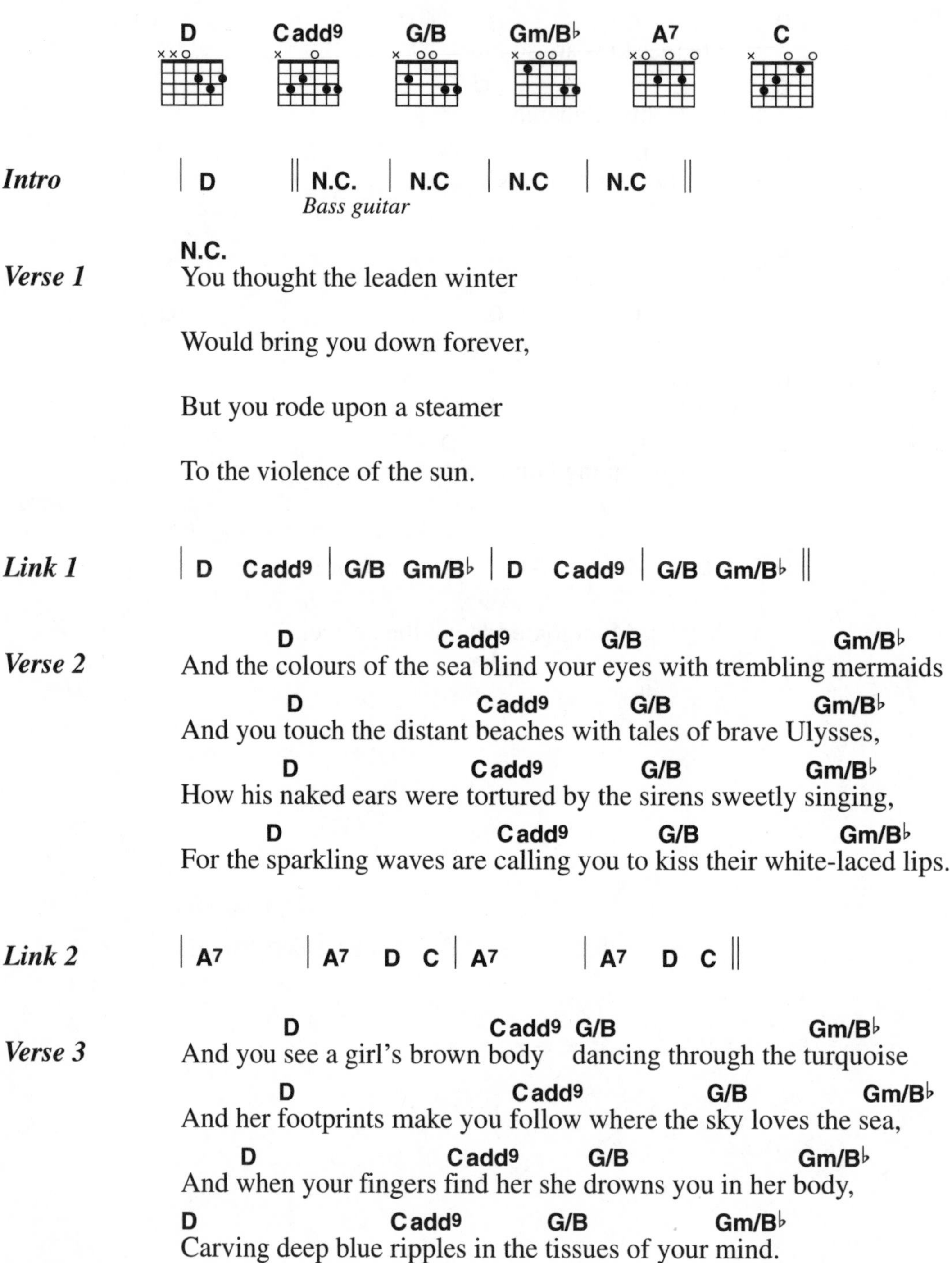

Intro | D || N.C. | N.C | N.C | N.C ||
Bass guitar

Verse 1
N.C.
You thought the leaden winter

Would bring you down forever,

But you rode upon a steamer

To the violence of the sun.

Link 1 | D Cadd9 | G/B Gm/B♭ | D Cadd9 | G/B Gm/B♭ ||

Verse 2
D Cadd9 G/B Gm/B♭
And the colours of the sea blind your eyes with trembling mermaids
D Cadd9 G/B Gm/B♭
And you touch the distant beaches with tales of brave Ulysses,
D Cadd9 G/B Gm/B♭
How his naked ears were tortured by the sirens sweetly singing,
D Cadd9 G/B Gm/B♭
For the sparkling waves are calling you to kiss their white-laced lips.

Link 2 | A7 | A7 D C | A7 | A7 D C ||

Verse 3
D Cadd9 G/B Gm/B♭
And you see a girl's brown body dancing through the turquoise
D Cadd9 G/B Gm/B♭
And her footprints make you follow where the sky loves the sea,
D Cadd9 G/B Gm/B♭
And when your fingers find her she drowns you in her body,
D Cadd9 G/B Gm/B♭
Carving deep blue ripples in the tissues of your mind.

Link 3 | A7 | A7 D C | A7 | A7 D C ||

Bridge 1

```
    D
And tiny purple fishes
N.C.
Run laughing through your fingers

And you want to take her with you

To the hard land of winter.
```

Link 4 | D Cadd9 | G/B Gm/B♭ | D Cadd9 | G/B Gm/B♭ ||

Verse 4

```
    D                   Cadd9      G/B            Gm/B♭
Her name is Aphrodite and she rides a crimson shell,
        D                   Cadd9             G/B                 Gm/B♭
And you know you cannot leave her for you touched the distant sands,
        D              Cadd9            G/B             Gm/B♭
With tales of brave Ulysses, how his naked ears were tortured
       D          Cadd9
By the sirens sweetly singing.
```

Solo | D Cadd9 | G/B Gm/B♭ | D Cadd9 | G/B Gm/B♭ ||

Bridge 2 As Bridge 1

Repeat to fade

Outro ||: D Cadd9 | G/B Gm/B♭ | D Cadd9 | G/B Gm/B♭ :||

20th Century Boy

Words & Music by
Marc Bolan

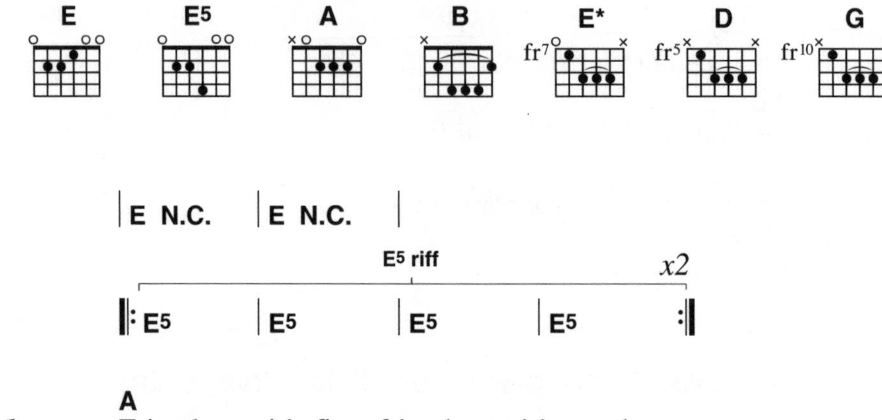

Verse 1

A
Friends say it's fine, friends say it's good
E5riff
Everybody says it's just like rock 'n' roll.
A
I move like a cat, charge like a ram
E5riff
Sting like a bee, babe I wanna be your man.
A B
Well it's plain to see you were meant for me, yeah
E E5riff
I'm your boy, your 20th century toy.

Verse 2

A
Friends say it's fine, friends say it's good
E5riff
Everybody says it's just like rock 'n' roll.
A
Fly like a plane, drive like a car
E5riff
Ball like a hen, babe I want to be your man, oh.
A B
Well it's plain to see you were meant for me, yeah
E
I'm your toy, your 20th century boy.

Chorus 1

```
E*          D E*                  G    E*
   20th century toy, I want to be your boy
         D E*                   G    E*
20th century toy, I want to be your boy
         D E*                   G    E*
20th century toy, I want to be your boy
         D E*                   G    E*
20th century toy, I want to be your boy.
```

Verse 3

```
A
Friends say it's fine, friends say it's good
                                          E5riff
Everybody says it's just like rock 'n' roll.
 A
I move like a cat, charge like a ram
                                        E5riff
Sting like I feel, babe I wanna be your man.
         A                   B
Well it's plain to see you were meant for me, yeah
E
I'm your toy, your 20th century boy.
```

Chorus 2

```
E*          D E*                  G    E*
   20th century toy, I want to be your boy
         D E*                   G    E*
20th century toy, I want to be your boy
         D E*                   G    E*
20th century toy, I want to be your toy
         D E*                   G    E*
20th century boy, I want to be your toy.
```

E *to fade*

Tumbling Dice

Words & Music by
Mick Jagger & Keith Richards

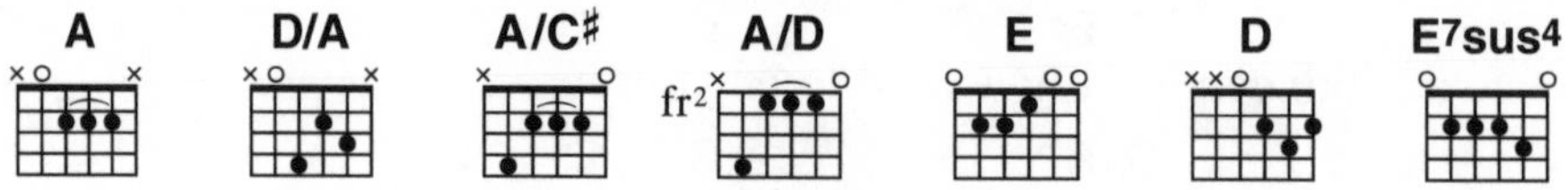

A D/A A/C♯ A/D E D E7sus4

Capo 2nd Fret

Intro
| A D/A A D/A A | A D/A A D/A A | A D/A A D/A A | A D/A A D/A |
Wo yeah! (Woo________)

Verse 1
A D/A A
Women think I'm tasty
D/A A D/A A D/A
but they're always tryin' to waste me
A D/A A D/A A D/A A/C♯ A/D
And make me burn the candle right down.
E A E A
But ba - by, ba - by
D E
I don't need no jewels in my crown.

Verse 2
A D/A A D/A A D/A A D/A
'Cause all you women is low down gamblers
A D/A A D/A A D/A A
Cheatin' like I don't know how.
E A E A
But ba - by, ba - by,
D E
There's fever in the funk house now.
A D/A A D/A A D/A A D/A
This low down bitchin' got my poor feet a itchin'
A D/A A D/A A D/A A/C♯ A/D
Don't you know the duece is still wild.

Chorus 1
E A E A D
Ba - by, I can't stay, you got to roll____ me
(A/C♯) (E7sus4) A D/A A D/A A D/A A D/A
And call me the tumblin' dice.

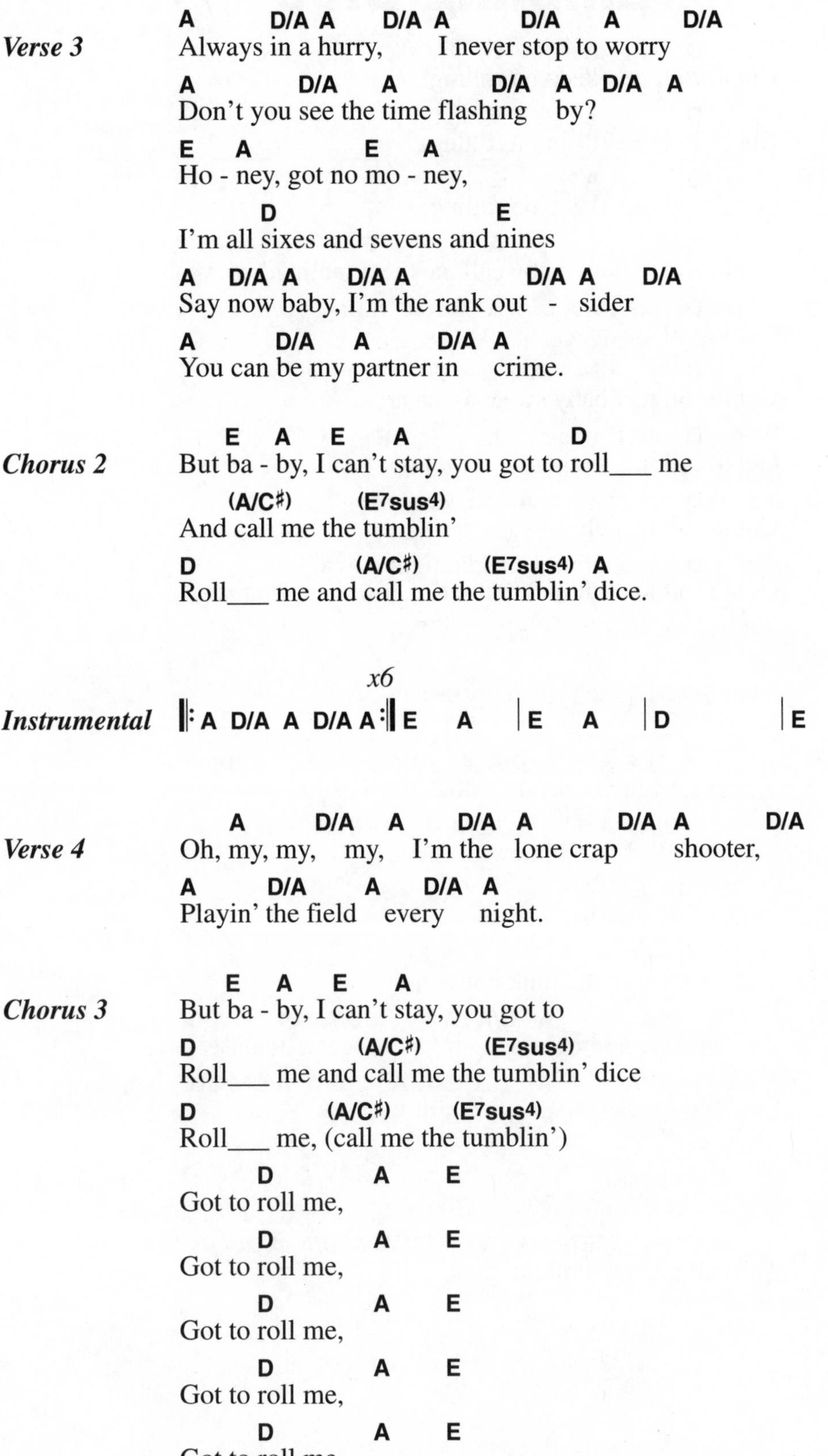

Verse 3

A D/A A D/A A D/A A D/A
Always in a hurry, I never stop to worry
A D/A A D/A A D/A A
Don't you see the time flashing by?
E A E A
Ho - ney, got no mo - ney,
D E
I'm all sixes and sevens and nines
A D/A A D/A A D/A A D/A
Say now baby, I'm the rank out - sider
A D/A A D/A A
You can be my partner in crime.

Chorus 2

E A E A D
But ba - by, I can't stay, you got to roll___ me
(A/C♯) (E7sus4)
And call me the tumblin'
D (A/C♯) (E7sus4) A
Roll___ me and call me the tumblin' dice.

Instrumental

x6
|: A D/A A D/A A :| E A | E A | D | E |

Verse 4

A D/A A D/A A D/A A D/A
Oh, my, my, my, I'm the lone crap shooter,
A D/A A D/A A
Playin' the field every night.

Chorus 3

E A E A
But ba - by, I can't stay, you got to
D (A/C♯) (E7sus4)
Roll___ me and call me the tumblin' dice
D (A/C♯) (E7sus4)
Roll___ me, (call me the tumblin')
D A E
Got to roll me,
D A E
Got to roll me,
D A E
Got to roll me,
D A E
Got to roll me,
D A E
Got to roll me,

cont.

```
     D         A         E
Got to roll me, (keep on rolling)
     D         A         E
Got to roll me, (keep on rolling)
     D         A         E
Got to roll me, (keep on rolling)
     D                   A              E
Got to roll me, my baby call me the tumblin' dice, yeah
     D         A         E
Got to roll me
     D              A         E
Got to roll me, baby sweet as sugar
     D                   A          E
Got to roll me, yeah, my,   my, my,   yeah
     D              A         E
Got to roll me, oh
     D
Got to roll me (hit me), baby I'm down. . .   (to fade)
```

Vicious

Words & Music by
Lou Reed

D C G A Em7 F♯m

Intro ‖: D C | G C :‖ *x2*

Verse 1

```
D              C
Vicious,
G                C        D         C
  You hit me with a flower
G           C     D        C
  You do it every hour
G              C       D           C     G     C
  Oh, baby, you're so vicious.
D              C
Vicious,
G                       C        D           C
  You want me to hit you with a stick
G                   C        D               C
  But all I've got's a    guitar pick
G              C           D           C     G     D
  Huh, baby, you're so vicious.
```

Pre-chorus 1

```
A
When I watch you come
G                      D   C     G     D
Baby I just want to run    far away
A                                G
You're not the kind of person around I
        D      C      D
Want to stay.
```

Chorus 1

```
Em7      F♯m                G
When I see you walking    down the street
 Em7             F♯m        G
I step on your hands and I mangle your feet
          Em7            F♯m            G           A
You're not the kind of person that I    want to meet
```

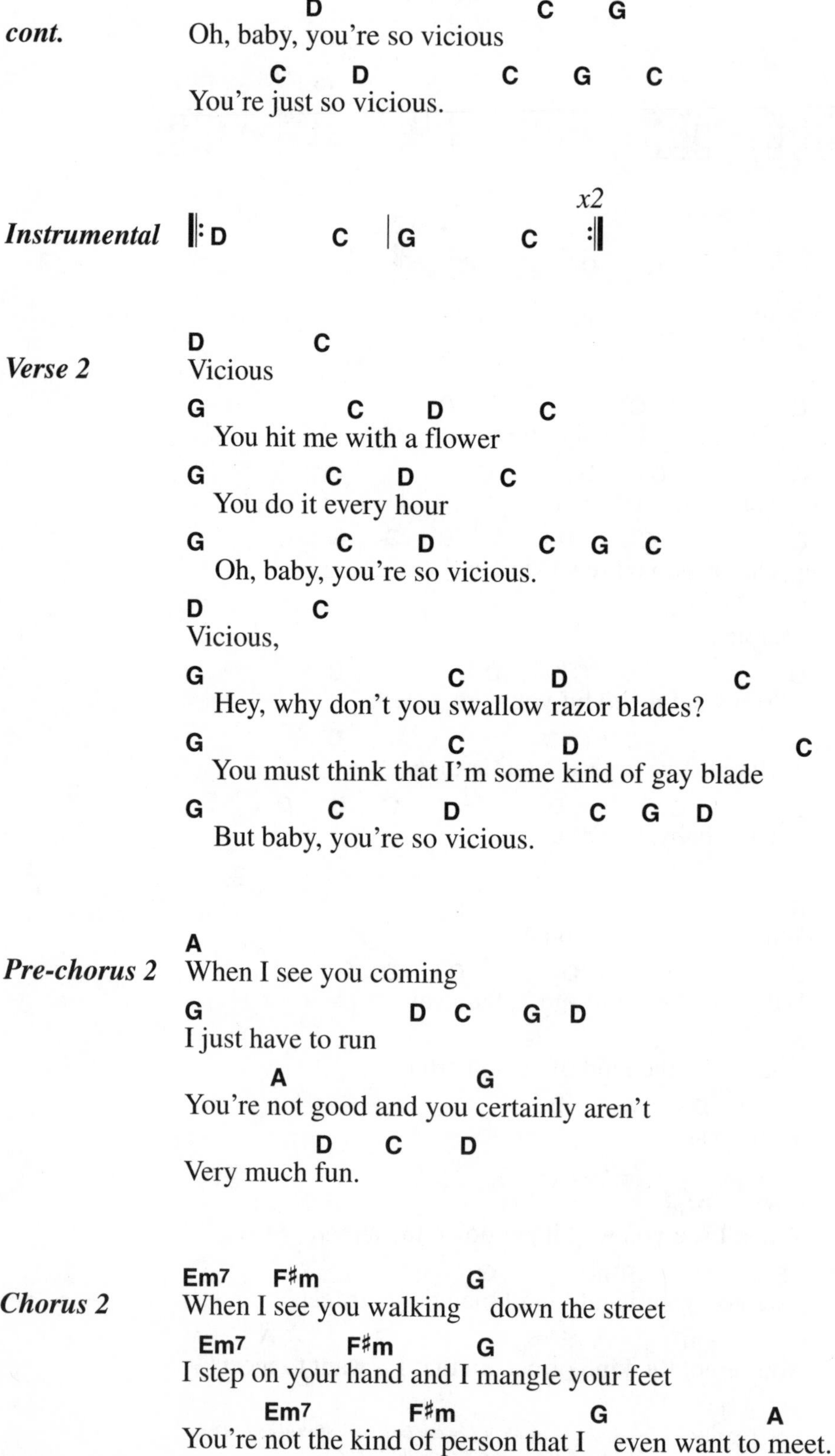

cont.

D C G
Oh, baby, you're so vicious

C D C G C
You're just so vicious.

Instrumental ‖: D C | G C :‖ *x2*

Verse 2

D C
Vicious

G C D C
You hit me with a flower

G C D C
You do it every hour

G C D C G C
Oh, baby, you're so vicious.

D C
Vicious,

G C D C
Hey, why don't you swallow razor blades?

G C D C
You must think that I'm some kind of gay blade

G C D C G D
But baby, you're so vicious.

Pre-chorus 2

A
When I see you coming

G D C G D
I just have to run

A G
You're not good and you certainly aren't

D C D
Very much fun.

Chorus 2

Em7 F♯m G
When I see you walking down the street

Em7 F♯m G
I step on your hand and I mangle your feet

Em7 F♯m G A
You're not the kind of person that I even want to meet.

```
                    D         C
cont.   'Cause you're so vicious
        G    C    D         C    G    C
          Baby, you're so vicious
        D         C    G    C
        Vicious,
        D         C    G    C
        Vicious,
        D         C    G    C
        Vicious,
        D         C    G    C
        Vicious,
        D         C    G    C
        Vicious,
        D         C    G    C
        Vicious,
        D         C    G    C
        Vicious . . .
```

to fade

When The Levee Breaks

Words & Music by
McCoy

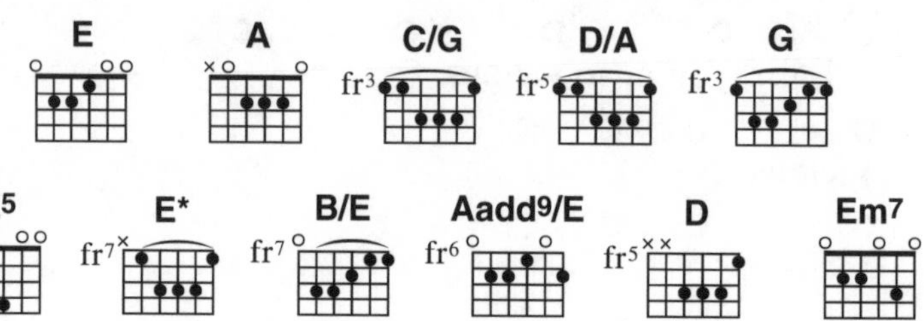

Capo first fret

Intro **Drums for two bars**

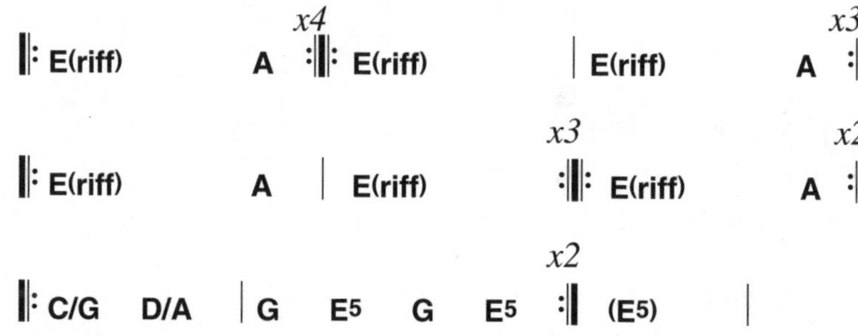

Verse 1

E(riff)
If it keeps on rainin'

Levee's goin' to break.
A E(riff)
If it keeps on rainin'

Levee's goin' to break.
A E(riff)
When the levee breaks
E(riff) A E(riff)
I have no place to stay.

A E(riff)
Mean old levee

Taught me to weep and moan – Lord,
A E(riff)
Mean old levee

Taught me to weep and moan.

cont.

A E(riff)
It's got what it takes

To make a mountain man leave his home

A E(riff)
Oh well, oh well, oh well.

Instrumental

x2
𝄆 C/G D/A | G E5 G E5 𝄇

x2
𝄆 E* B/E | Aadd9/E B/E D E* 𝄇

Bridge

E*
Don't it make you feel bad

B/E
When you're tryin' to find your way home

Aadd9/E B/E D E*
You don't know which way to go.

If you're goin' down South

B/E
Then there's no work to do,

Aadd9/E B/E D E*
If you're going down Chica - go.

Instrumental

x2
𝄆 E* B/E | Aadd9/E B/E D E* 𝄇

x3
𝄆 E(riff) | E(riff) A 𝄇

x3
𝄆 E(riff) A | E(riff) 𝄇 E(riff) A | E(riff) A |

x2
𝄆 C/G D/A | G E5 G E5 𝄇 (E5) |

Verse 2

E(riff)
Cryin' won't help you

Prayin' won't do you no good.

A E(riff)
Now, cryin' won't help you

Prayin' won't do you no good.

cont.

A E(riff)
When the levee breaks

Mama you got to move.

A | E(riff) A | E(riff) |
Ooo.

E(riff)
All last night

A E(riff)
Sat on the levee and moaned.

All last night

A E(riff)
Sat on the levee and moaned.

Thinkin' 'bout my baby

A E(riff)
And my happy home

A
Oh.

Instrumental

x2
|: C/G D/A | G E5 G E5 :|

x6
|: E* B/E | Aadd9/E B/E D E* :|

Outro

E(riff) A E(riff)
Goin' – goin' to Chicago

A
Goin' to Chicago,

E(riff)
Sorry but I can't take you.

A E(riff)
Going down, going down now

Going down, going down now, going down,

A E(riff)
Going down, going down

(A)
Going down.

x5
|: E(riff) A | E(riff) A :|

| E(riff) A | Em7 ||

Whiskey In The Jar

Traditional
Arranged by Eric Bell, Brian Downey & Phil Lynott

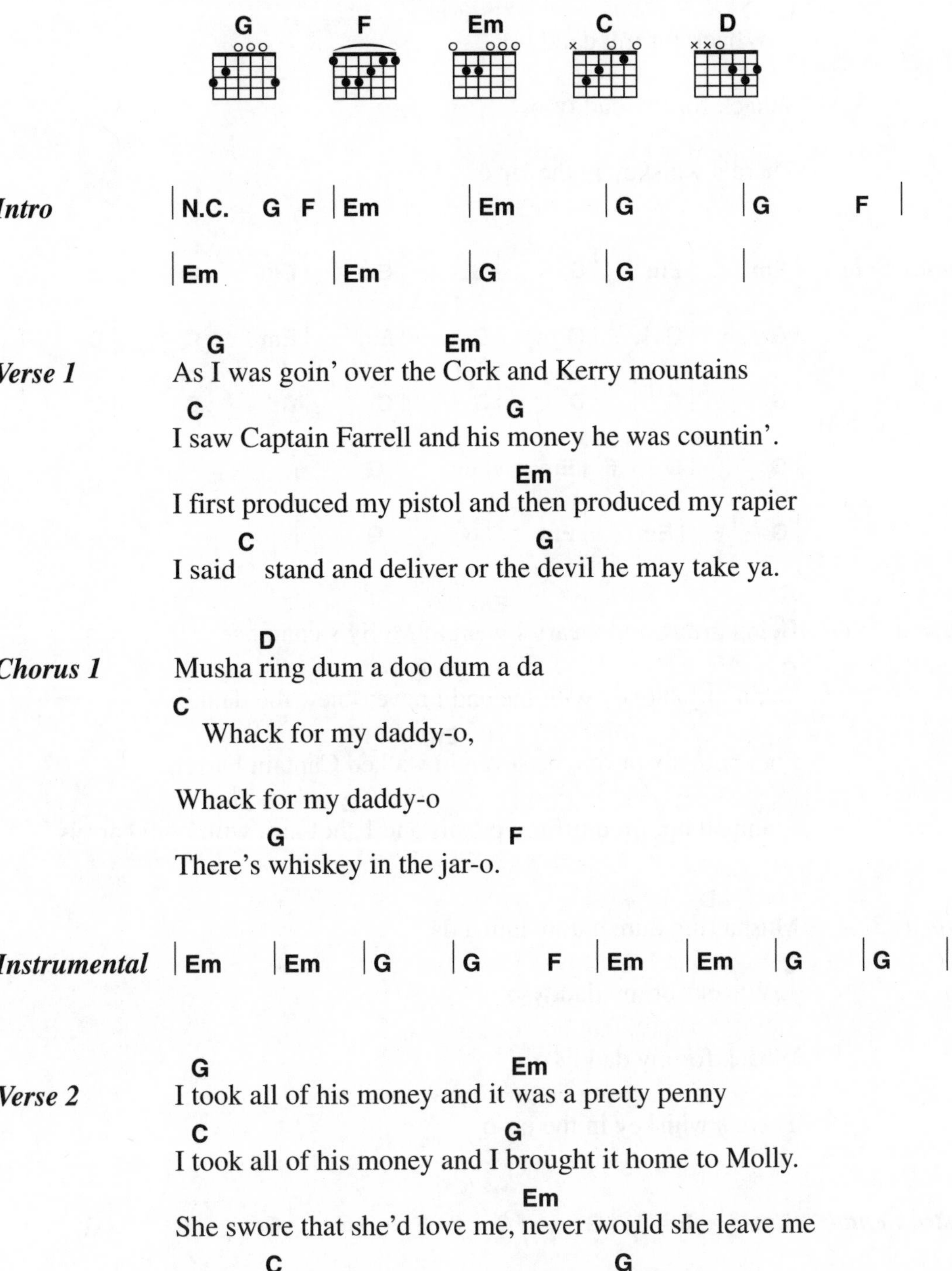

G F Em C D

Intro | N.C. G F | Em | Em | G | G F |
| Em | Em | G | G |

Verse 1
G Em
As I was goin' over the Cork and Kerry mountains
C G
I saw Captain Farrell and his money he was countin'.
Em
I first produced my pistol and then produced my rapier
C G
I said stand and deliver or the devil he may take ya.

Chorus 1
D
Musha ring dum a doo dum a da
C
Whack for my daddy-o,
Whack for my daddy-o
G F
There's whiskey in the jar-o.

Instrumental | Em | Em | G | G F | Em | Em | G | G |

Verse 2
G Em
I took all of his money and it was a pretty penny
C G
I took all of his money and I brought it home to Molly.
Em
She swore that she'd love me, never would she leave me
C G
But the devil take that woman for you know she trick me easy.

Chorus 2

D
Musha ring dum a doo dum a da
C
Whack for my daddy-o,

Whack for my daddy-o
G F
There's whiskey in the jar-o.

Guitar Solo

Em	Em	G	G	Em	Em	C	C
G	G	G	G	Em	Em	C	C
G	G	D	D	C	C	C	C
G	G F	Em	Em	G
G F	Em	Em	G	G

Verse 3

G Em
Being drunk and weary I went to Molly's chamber
C G
Takin' my money with me and I never knew the danger.
Em
For about six or maybe seven in walked Captain Farrell
C G
I jumped up, fired off my pistols and I shot him with both barrels.

Chorus 3

D
Musha ring dum a doo dum a da
C
Whack for my daddy-o,

Whack for my daddy-o
G F
There's whiskey in the jar-o.

Instrumental

| Em | Em | G | G F | Em | Em | G | G |

Verse 4

G Em
Now some men like the fishin' and some men like the fowlin'

C G
And some men like to hear a cannon ball a roarin',

Em
Me I like sleepin' especially in my Molly's chamber

C G
But here I am in prison, here I am with a ball and chain, yeah.

Chorus 4

D
Musha ring dum a doo dum a da

C
Whack for my daddy-o,

Whack for my daddy-o

G F
There's whiskey in the jar-o.

Outro

𝄆 Em | Em | G | G F 𝄇 *Repeat to fade*

White Wedding

Words & Music by
Billy Idol

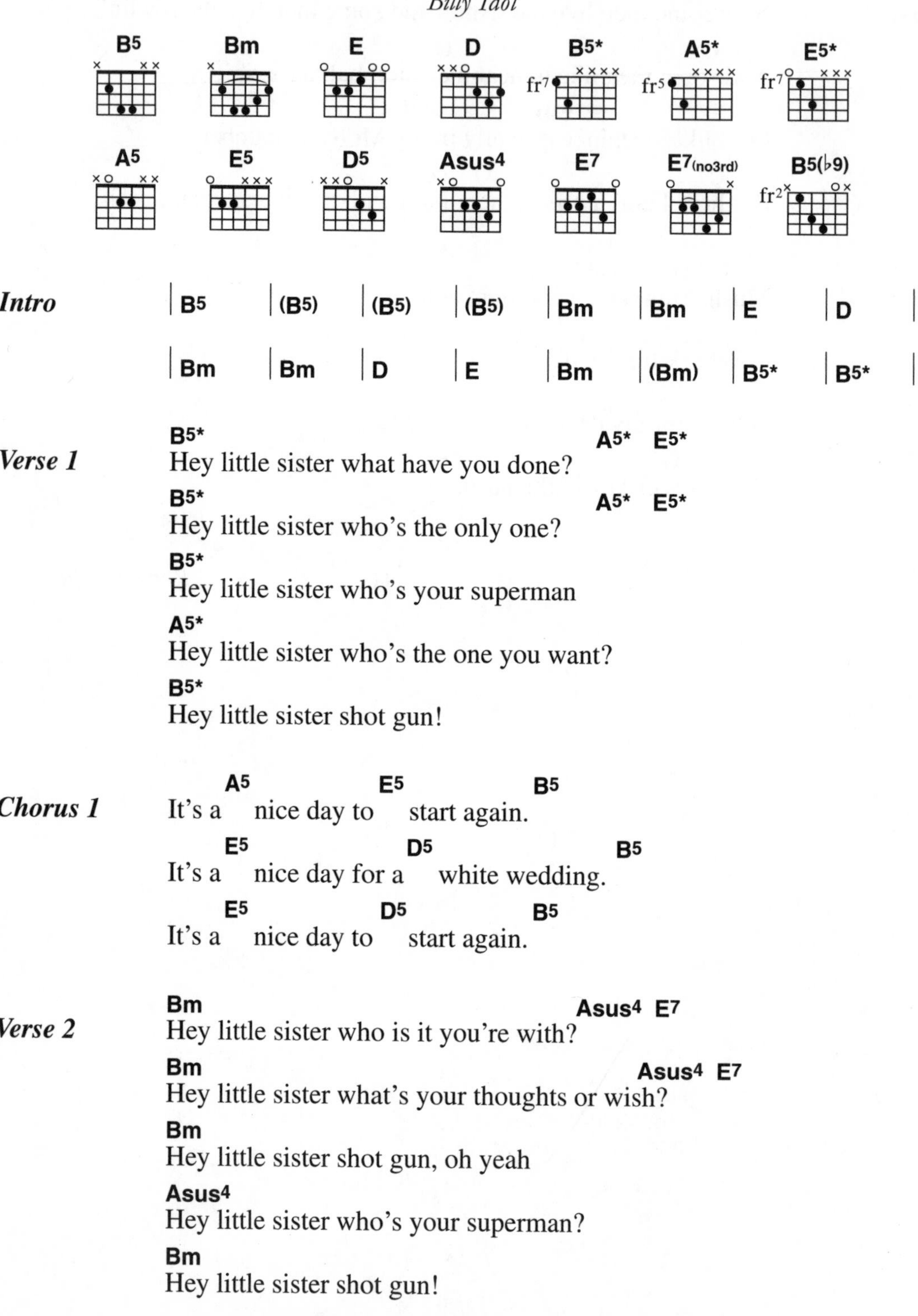

Intro

B5	(B5)	(B5)	(B5)	Bm	Bm	E	D
Bm	Bm	D	E	Bm	(Bm)	B5*	B5*

Verse 1

B5* A5* E5*
Hey little sister what have you done?
B5* A5* E5*
Hey little sister who's the only one?
B5*
Hey little sister who's your superman
A5*
Hey little sister who's the one you want?
B5*
Hey little sister shot gun!

Chorus 1

A5 E5 B5
It's a nice day to start again.
E5 D5 B5
It's a nice day for a white wedding.
E5 D5 B5
It's a nice day to start again.

Verse 2

Bm Asus4 E7
Hey little sister who is it you're with?
Bm Asus4 E7
Hey little sister what's your thoughts or wish?
Bm
Hey little sister shot gun, oh yeah
Asus4
Hey little sister who's your superman?
Bm
Hey little sister shot gun!

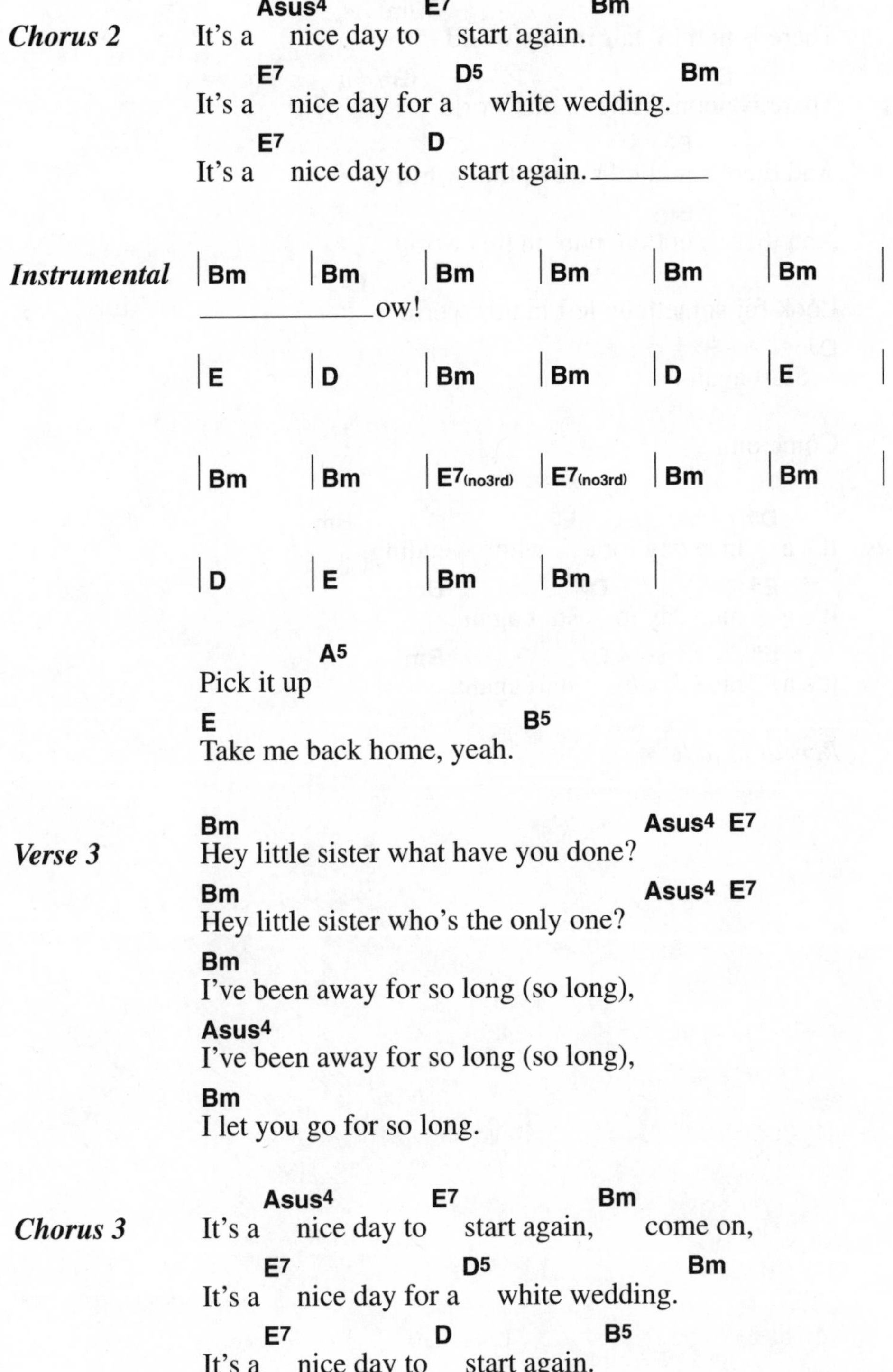

Chorus 2

```
       Asus4        E7            Bm
It's a    nice day to   start again.
       E7              D5              Bm
It's a    nice day for a   white wedding.
       E7            D
It's a    nice day to   start again.________
```

Instrumental

Bm	Bm	Bm	Bm	Bm	Bm

____________ow!

E	D	Bm	Bm	D	E

Bm	Bm	E7(no3rd)	E7(no3rd)	Bm	Bm

D	E	Bm	Bm

```
           A5
Pick it up
E                         B5
Take me back home, yeah.
```

Verse 3

```
Bm                                   Asus4 E7
Hey little sister what have you done?
Bm                                   Asus4 E7
Hey little sister who's the only one?
Bm
I've been away for so long (so long),
Asus4
I've been away for so long (so long),
Bm
I let you go for so long.
```

Chorus 3

```
       Asus4        E7            Bm
It's a    nice day to   start again,     come on,
       E7              D5              Bm
It's a    nice day for a   white wedding.
       E7            D             B5
It's a    nice day to   start again.
```

Verse 4

```
                                              (Bm)
There is nothin' fair in this world
            B5                                  (B5(♭9))
There is nothin' safe in this world
                   B5
And there's nothin' sure in this world
                   Bm
And there's nothin' pure in this world
                                                   E5
Look for something left in this world ___
D5          B5
  Start again.
```

Come on,

Outro chorus

```
       D5               E5                  Bm
It's a    nice day for a    white wedding,
       E5            D5            Bm
It's a    nice day to    start again,
       E5            D5            Bm
It's a    nice day to    start again.
```

Repeat to fade

You Ain't Seen Nothing Yet

Words & Music by
Randy Bachman

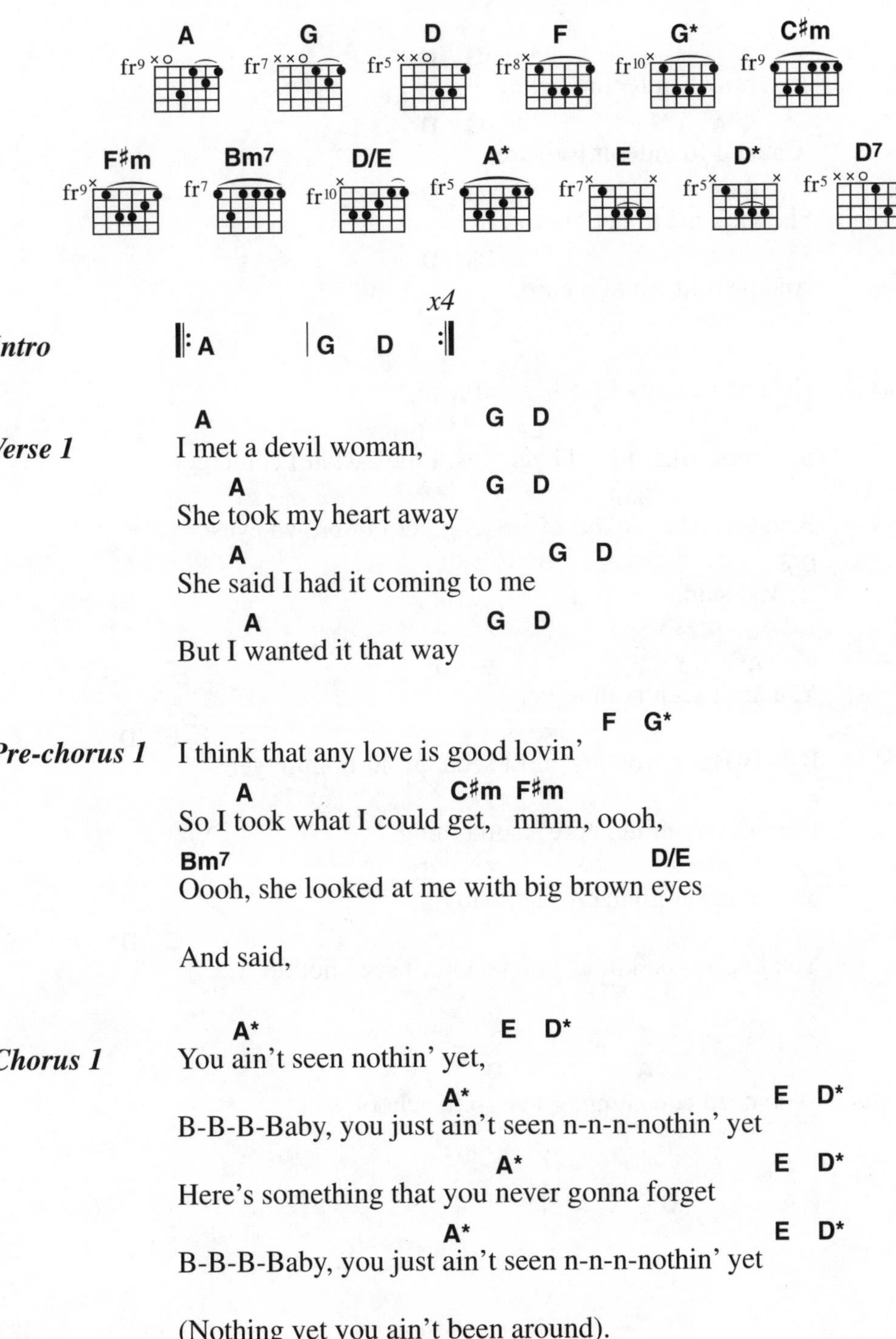

Intro ‖: A | G D :‖ x4

Verse 1

A G D
I met a devil woman,
A G D
She took my heart away
A G D
She said I had it coming to me
A G D
But I wanted it that way

Pre-chorus 1

F G*
I think that any love is good lovin'
A C♯m F♯m
So I took what I could get, mmm, oooh,
Bm7 D/E
Oooh, she looked at me with big brown eyes

And said,

Chorus 1

A* E D*
You ain't seen nothin' yet,
A* E D*
B-B-B-Baby, you just ain't seen n-n-n-nothin' yet
A* E D*
Here's something that you never gonna forget
A* E D*
B-B-B-Baby, you just ain't seen n-n-n-nothin' yet

(Nothing yet you ain't been around).

Instrumental ‖: A | G D :‖ x4

Verse 2

A G D
And now I'm feelin' better
A G D
'Cause I found out for sure,
A G D
She took me to her doctor,
A G D
And he told me of a cure,

Pre-chorus 2

F G*
He said that any love is good love,
A C♯m F♯m
So I took what I could get, yes, I took what I could get
Bm7
And then she looked at me with her big brown eyes
D/E
And said,

Chorus 2

A* E D*
You ain't seen nothin' yet
A* E D*
B-B-B-Baby, you just ain't seen nu-nu-nothin' yet

Here's something, here's something
A* E D*
You're never gonna forget, baby
A* E D*
You know, you know, you just ain't seen nothin' yet.

Instrumental

A G D
(You need educating, gotta go to school!)

‖: A | G D :‖ x7

Pre-chorus 3

D7 F G*
Any love is good lovin'
A C♯m
And so I took what I could get,
F♯m
Yes, I took what I could get
Bm7
And then, and then, and then she looked at me with
D/E
Them big brown eyes, and said,

Chorus 3

A* E D*
You ain't seen nothin' yet
A* E D*
Baby, you just ain't seen nu-nu-nothin' yet

Here's something, here's something,
A*
Here's something,
E D*
Mama, you're never forget baby
A E D*
B-B-B-Baby, you just ain't seen n-n-n-nothin' yet

You ain't been around.

Chorus 4

A*
You ain't seen nothin' yet
E D*
(That's what she told me
A*
she said I needed educating
E D*
go to school)
A* E D*
I know I ain't seen nothin' yet
A* E D*
I know I ain't seen nothin' yet.

Outro ‖: A* E | D* :‖ *Repeat with vocal ad lib. to fade*

Relative Tuning

The guitar can be tuned with the aid of pitch pipes or dedicated electronic guitar tuners which are available through your local music dealer. If you do not have a tuning device, you can use relative tuning. Estimate the pitch of the 6th string as near as possible to E or at least a comfortable pitch (not too high, as you might break other strings in tuning up). Then, while checking the various positions on the diagram, place a finger from your left hand on the:

5th fret of the E or 6th string and **tune the open A** (or 5th string) to the note (A)

5th fret of the A or 5th string and **tune the open D** (or 4th string) to the note (D)

5th fret of the D or 4th string and **tune the open G** (or 3rd string) to the note (G)

4th fret of the G or 3rd string and **tune the open B** (or 2nd string) to the note (B)

5th fret of the B or 2nd string and **tune the open E** (or 1st string) to the note (E)

Reading Chord Boxes

Chord boxes are diagrams of the guitar neck viewed head upwards, face on as illustrated. The top horizontal line is the nut, unless a higher fret number is indicated, the others are the frets.

The vertical lines are the strings, starting from E (or 6th) on the left to E (or 1st) on the right.

The black dots indicate where to place your fingers.

Strings marked with an O are played open, not fretted. Strings marked with an X should not be played.

The curved bracket indicates a 'barre' – hold down the strings under the bracket with your first finger, using your other fingers to fret the remaining notes.

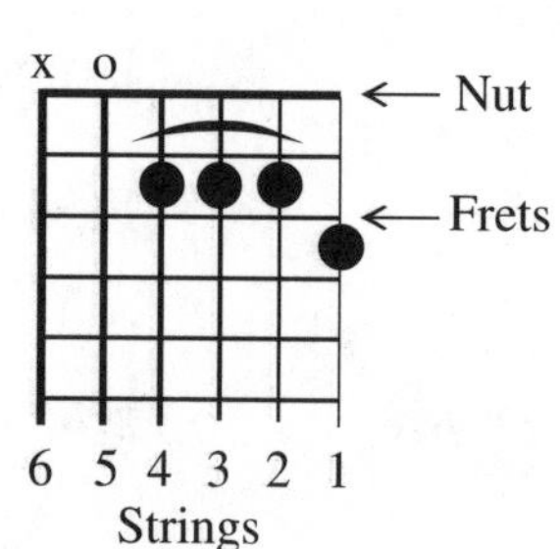

2/05 (53982)